The Secret Garden

비밀의 화원

비밀의 화원

First edition: May 2010

TEL (02)2000-0515 I FAX (02)2271-0172

ISBN 978-89-17-23772-6

YBM Reading Library는 ...

쉬운 영어로 문학 작품을 즐기면서 영어 실력을 크게 향상시킬 수 있도록 개발된 독해력 완성 프로젝트입니다. 전 세계 어린이와 청소년들에게 재미와 감동을 주는 세계의 명작을 이제 영어로 읽으세요. 원작에 보다 가까이 다가가는 재미와 명작의 깊이를 느낄 수 있을 거예요.

350 단어에서 1800 단어까지 6단계로 나누어져 있어 초·중·고 어느 수준에서나 자신이 좋아하는 스토리를 골라 읽을 수 있고, 눈에 쉽게 들어오는 기본 문장을 바탕으로 활용도가 높고 세련된 영어 표현을 구사하기 때문에 쉽게 읽으면서 영어의 맛을 느낄 수 있습니다. 상세한 해설과 흥미로운 학습 정보, 퀴즈 등이 곳곳에 숨어 있어 학습 효과를 더욱 높일 수 있습니다.

이야기의 분위기를 멋지게 재현해 주는 삽화를 보면서 재미있는 이야기를 읽고, 전문 성우들의 박진감 있는 연기로 스토리를 반복해서 듣다 보면 리스닝 실력까지 크게 향상됩니다.

세계의 명작을 읽는 재미와 영어 실력 완성의 기쁨을 마음껏 맛보고 싶다면, YBM Reading Library와 함께 지금 출발하세요!

YBM Reading Library

책을 읽기 전에 가볍게 워밍업을 한 다음, 재미있게 스토리를 읽고, 다 읽고 난 후 주요 구문과 리스닝까지 꼭꼭 다지는 3단계 리딩 전략! YBM Reading Library, 이렇게 활용하세요.

Before the Story

People in the Story
스토리에 들어가기 전,
등장인물과 만나며 이야기의
분위기를 느껴 보세요~

In the Story

★ 스토리
재미있는 스토리를 읽어요. 잘 모른다고
멈추지 마세요. 한 페이지, 또는 한 chapter를
끝까지 읽으면서 흐름을 파악하세요.

★★ 단어 및 구문 설명
어려운 단어나 문장을 마주쳤을 때,
그 뜻이 알고 싶다면 여기를 보세요.
나중에 꼭 외우는 것은 기본이죠.

★★★ 돌발 퀴즈
스토리를 잘 파악하고
있는지 궁금하면 돌발 퀴즈로
잠깐 확인해 보세요.

Mini-Lesson
너무나 중요해서 그냥 지나칠 수 없는
알짜 구문은 별도로 깊이 있게 배워요.

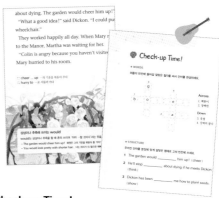

Each time she discovered another walled garden.
Finally, she came to the kitchen garden. At the far
end, she found a wall covered in ivy. But she
couldn't find a door!

"This might be the secret garden," she thought. [1]
"But there's no way in!"

Suddenly, Mary heard a bird singing cheerfully in
one of the trees. She looked up and saw a little bird
with a red breast. He hopped about on the branches
to get her attention. A smile appeared on her sad
face!

As she came out of the garden, Mary saw an old
man with a wheelbarrow.

"I can't find the door into that garden," she said.

"Which garden?" said the old man.

"The one behind the kitchen garden. It has a large
tree hanging over the wall. I saw a bird with a red
breast sitting in it. He was singing merrily!"

★★★ 둘째가 노래하고 있던 곳은?
a. kitchen garden
b. wall covered in ivy
c. orchard

Check-up Time!
한 chapter를 다 읽은 후 어휘, 구문,
summary까지 확실하게 다져요.

Focus on Background
작품 뒤에 숨겨져 있는 흥미로운 이야기를
읽으세요. 상식까지 풍부해집니다.

After the Story

Reading X-File 이야기 속에 등장했던
주요 구문을 재미있는 설명과 함께 다시 한번~

Listening X-File 영어 발음과 리스닝 실력을 함께
다져 주는 중요한 발음법칙을 살펴봐요.

MP3 Files
www.ybmbooksam.com에서 다운로드 하세요!

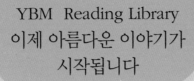

YBM Reading Library

이제 아름다운 이야기가
시작됩니다

The Secret Garden

_ Before the Story

_ In the Story

Frances Hodgson Burnett (1849~1924)

프랜시스 호즈슨 버넷은 …

영국 맨체스터에서 태어나 아버지를 여의고 1865년 미국 테네시 주로 이주했다. 어린 시절 친구들 사이에서 이야기 잘하기로 유명했던 그녀는 생계를 위해 여러 잡지사에 단편 소설을 투고하던 중, 한 편집자의 권고로 출판사에 보낸 소설이 채택됨으로써 작가의 길을 가게 되었다.

버넷은 어려운 상황에서도 꿈을 잃지 않았던 자신의 경험을 바탕으로 힘든 환경을 딛고 꿋꿋하게 살아가는 주인공들을 주로 그려냈는데, 1886년 자신의 아들을 모델로 한 〈소공자 (Little Lord Fauntleroy)〉가 대성공을 거두고, 뒤이어 발표한 〈소공녀 (A Little Princess)〉, 〈비밀의 화원 (The Secret Garden)〉 또한 인기를 얻으면서 작가로서의 입지를 다지게 되었다.

버넷은 엄격한 청교도적 사회규범을 강조하던 시기에 인간의 다양한 감성이 풍부하게 녹아 있는 작품을 통해 청소년들에게 꿈과 희망을 심어준 미국의 대표적인 아동문학 작가라는 평가를 받고 있다.

The Secret Garden

비밀의 화원은 …

1909년 발표된 버넷의 대표작으로, 상처 받고 버려진 두 아이가 비밀의 화원에서 자연에 의해 치유되어 소생하는 과정을 그리고 있다.

영국의 대저택 미셀스와이트의 주인 크레이븐 씨는 화원에서 사랑하는 아내가 시고로 죽게 뇌자 그 화원을 폐쇄한다. 그 후 부모를 잃은 고아 소녀 메리가 크레이븐 씨 집에 오게 된다. 메리는 자연과 벗하며 지내는 시골 소년 디콘과 함께 오랫동안 방치되었던 그 비밀의 화원을 찾아 가꾸고, 병약하여 침대에만 누워 지내던 크레이븐 씨의 아들 콜린을

그곳으로 데리고 와 건강을 회복시킨다.

아이들은 버려졌던 비밀의 화원을 되살리기 위해 열심히 일하고, 이윽고 화원은 아름다운 낙원으로 변한다.

〈비밀의 화원〉은 인간과 자연의 교감 속에서 서로가 되살아나는 이야기를 아름답게 그려냄으로써 바쁜 현대를 살고 있는 우리들에게 잔잔한 감동을 주고 있다.

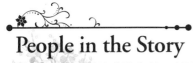

People in the Story

비밀의 화원을 방문해 등장하는 인물들을 살펴 볼까요?

Ben

미셀스와이트 저택의 정원사.
퉁명스러워 보여도 마음은 따스하며
폐쇄된 비밀의 화원을 몰래 가꾼다.

Martha

메리의 시중을 드는 하녀.
디콘에게 부탁해 메리에게
꽃삽과 씨를 구해 준다.

Mr. Craven

등이 굽은 미셀스와이트 저택의
주인. 아내의 죽음으로 비밀의
화원에 자물쇠를 채우고 열쇠를
땅에 묻어버린다.

Mary

영국의 고모부 집에 살게 된
고아 소녀. 우연히 비밀의
화원을 발견하고 아름답게
가꾼다.

Dickon

동물들과 친하게 지내는
마사의 남동생. 메리를 도와
비밀의 화원을 되살린다.

Colin

병약한 크레이븐 씨의 아들.
늘 죽는다는 생각으로 누워지내
다가 메리의 도움으로 건강을
되찾는다.

a Beautiful Invitation
– YBM Reading Library

The Secret Garden

Frances Hodgson Burnett

Mary Lennox

메리 레녹스

Mary Lennox was an unhappy and sickly child. She had a thin face, a thin body and light yellow hair. She was always angry and hardly ever smiled. Everyone said she looked ugly and sour.

Mary was born in India. Her mother never wanted a child and ignored her. Her father was always busy working, and she seldom saw him. So, an Indian [1] servant, Ayah, took care of her.

Mary never had any friends, and she never learned to play with others.

□ sickly 병약한, 자주 아픈
□ hardly ever 거의 …않다
□ sour (사람이) 심술궂은, 시큰둥한
□ ignore 무시하다
□ seldom 좀처럼(거의) …하지 않는
□ servant 하인
□ take care of …을 돌보다
□ allow A to B A에게 B하도록 허락하다

□ whatever (…하는 것은) 무엇이든
□ spoilt 버릇없는
□ bad-tempered 곧잘 성질을 내는
□ die of (병·노령 등)으로 죽다
□ cholera 콜레라
□ manor 영지, (영주의) 저택
□ on the edge of …의 가장자리에
□ Yorkshire Moors 요크셔 지방의 황야

Ayah allowed her to do whatever she wanted.
So she became a spoilt bad-tempered child.

When she was nine, Mary's parents died of
cholera. She was sent to live with her uncle
Archibald Craven in England. His home,
Misselthwaite Manor, stood on the edge of the
Yorkshire Moors.* 요크셔는 영국 북동부의 옛 주로 넓고
황량하게 펼쳐진 황야 지대가 유명하답니다.

1 **be busy ...ing** …하기에 (하느라) 바쁘다
   Her father was always busy working, and she seldom saw him.
   그녀의 아버지는 항상 일하기에 바빠서, 그녀는 좀처럼 아버지를 보지 못했다.

When Mary arrived in London, her uncle's housekeeper, Mrs. Medlock met her. She was a stout woman with rosy red cheeks and sharp black eyes.

"Hello, Mary," said Mrs. Medlock. "Your uncle has sent me to meet you!"

"Are you my servant?" asked Mary.

"Humm!" grunted Mrs. Medlock. "You'd better have good manners! I work for your uncle, not for [1] you! Hurry! We have to catch the train!"

Mary thought the housekeeper was horrible, so she didn't talk to her. When they boarded the train to Yorkshire, Mary ignored Mrs. Medlock. She sat with her nose pressed against the window, and watched [2] the passing landscape.

"Everything looks so cold and gray," thought Mary, sadly. "It's very different from sunny India!"

---

1 **had better + 동사원형** …하는 게 좋다
You'd better have good manners!
아가씨는 예의를 잘 갖추는 게 좋겠어요!

2 **with + 명사(A) + 분사(B)** A를 B한 채
She sat with her nose pressed against the window.
그녀는 코를 창에 바짝 댄 채 앉았다.

□ housekeeper 여집사, 가정부
□ stout 퉁퉁한
□ rosy red 장밋빛의, 볼그레한
□ grunt 투덜거리다
□ manners 예의, 태도

□ horrible 불쾌한, 끔찍한
□ board 승차[승선·탑승]하다
□ passing 지나가는
□ landscape 풍경
□ different from …와 다른

"Your uncle's home is big and grand, but it's old and gloomy," said Mrs. Medlock.

Mary didn't want to listen, but anything new interested her.

"There's a big park around it and lots of gardens and trees," continued Mrs. Medlock. "It has about a hundred rooms, but most are kept locked!"

"Why are the rooms locked?" asked Mary.

"When your uncle was young, he was always angry!" said Mrs. Medlock. "He has a crooked back and didn't like meeting people. Then he married a lovely lady, and they were very happy. But, she died suddenly, and after that he's been away a lot. So we don't need many rooms."

Mary became interested in his uncle.

gloomy 음울한, 우울한
interest …의 관심을 끌다
about a hundred 약 백 개의
be kept locked (문이) 잠겨져 있다
crooked 굽은, 비뚤어진

□ be away a lot 자주 부재중이다
□ be made of …로 만들어지다
□ courtyard (저택 등의 건물에 둘러싸인) 뜰
□ be surrounded by …로 둘러싸이다
□ acres of 수에이커의, 방대한

It was late evening when they finally arrived at [1]
Misselthwaite Manor. When Mary saw the house,
she couldn't believe how big it was! The walls were [2]
long and low, and made of gray brick. It was built
around a large stone courtyard. And the house was
surrounded by acres of beautiful gardens.

1 **It is** + 시간 명사(A) + **when** 절(B) A가 되어서야 B하다
  It was late evening when they finally arrived at Misselthwaite
  Manor. 늦은 저녁이 되어서야 그들은 미셀스와이트 저택에 도착했다.

2 **believe how** + 형용사(A) + 주어(B) + 동사 B가 얼마나 A인지 믿다
  She couldn't believe how big it was!
  그녀는 그 집이 얼마나 큰지 믿을 수 없었다!

"Come on, Mary. I'll take you to your room," said Mrs. Medlock.

She led Mary up the wide staircase and along two long dark corridors. Eventually, she opened one of the closed doors. The room was large. Inside, a fire was burning in the grate. And her supper was ready on a small table.

"This is your room," said Mrs. Medlock. "Don't go wandering around the Manor. Mr. Craven doesn't like it!"

Mary felt so lonely that she couldn't eat the supper. [1] So she climbed into the bed and tried to sleep.

The next morning, when Mary woke up, a young woman was cleaning her room.

---

1 so + 형용사/부사(A) + that + 주어 + cannot + 동사원형(B)   너무 A해서 B할 수 없다
  Mary felt so lonely that she couldn't eat the supper.
  메리는 너무 외롭게 느껴져서 저녁을 먹을 수 없었다.

Mini-Lesson

It's time + 주어 + 과거형 동사: …할 시간이다

'…할 시간이다' 라는 표현은 어떻게 할까요? 보통 It's time 다음에 「주어 + 과거형 동사」를 써서 표현한답니다.

• It's time you got dressed. 아가씨가 옷을 입을 시간이에요.
• It's time you went to bed. 네가 잠자리에 들 시간이다.

"Who are you?" asked Mary.

"I'm Martha. I clean your room, and bring your meals. It's time you got dressed." ☀

"But who's going to help me dress?" asked Mary.

"Surely you can dress yourself!" said Martha.

"No!" sobbed Mary. "In India, my servants always helped me!"

"I'll help you today, but I don't usually have time," said Martha. "You'll have to learn to do it yourself!"

□ lead 인도하다 (lead-led-led)
□ staircase 계단
□ corridor 복도
□ eventually 결국, 마침내
□ grate (난로의) 쇠살대
□ supper 저녁식사
□ wander around …을 돌아 다니다
□ climb into …로 기어 올라가다
□ get dressed 옷을 입다 (= dress oneself)
□ sob 흐느끼다

When she was dressed, Mary looked out the window. She could see the gloomy landscape.

"What's that?" she asked.

"That's the moor," replied Martha. "In summer, when the heather and gorse flower, the air smells sweet. And you can even hear the bees humming and the birds singing!"

"I don't like it! It's so dull and gray!"

"It's not dull," said Martha. "I have eleven brothers and sisters. They play on the moor every day. My mother says fresh air is good for us!"

But Mary didn't believe a word of it.

After breakfast, Martha said, "Now, go and play outside."

"Can someone come with me?" asked Mary.

"Nobody has the time. My brother, Dickon, stays out on the moor for hours on his own! He's a kind boy, and all the animals like him. If you're lucky, you'll meet him."

It was cold outside, so Mary put on a coat and warm boots. She felt very lonely.

□ look out the window 창 밖을 내다보다
□ heather 히스 꽃
□ gorse 가시금작화
□ flower 꽃이 피다 (= bloom)
□ even …하기까지
□ hum (벌 등이) 응응거리다
□ dull 산뜻하지 않은, 따분한, 재미없는
□ not believe a word of
　…을 한마디도 믿지 않다
□ stay out 밖에 나가 있다
□ on one's own 혼자서
□ put on …을 입다

"The gardens are that way," said Martha. "But one of the gardens is always locked!"

"Why?" asked Mary.

"It was Mrs. Craven's garden. When she died, Mr. Craven locked the gate and buried the key."

"Oh, that sounds strange," thought Mary.

She was curious about the secret garden.

Outside, Mary saw vast lawns and trees of all sizes. It was winter, so there were no flowers to be seen. [1] And the fountain wasn't working.

She followed a long path leading to a tall brick ☀ wall. A large green door stood open, so she went through it. Inside, she found an old orchard. She went through several more doors.

---

1 명사(A)+to+동사원형(B) B한 A

It was winter, so there were no flowers to be seen.
겨울철이어서 보이는 꽃들이 하나도 없었다.

Mini-Less☀n

See p.108

「관계대명사+be 동사」의 생략

명사에 대한 긴 설명이 필요할 때 사용하는 관계대명사의 뒤에 be동사+...ing/p.p.가 나오면 「관계대명사+be동사」는 생략할 수 있습니다.

- She followed a long path (which was) leading to a tall brick wall.
  그녀는 높은 벽돌담으로 이어지는 긴 길을 따라갔다.
- The boy (who is) passing the tree is James. 그 나무를 지나가고 있는 소년이 제임스이다.

□ bury ···을 묻다
□ be curious about ···에 대해 궁금하다
□ vast 방대한
□ lawn 잔디밭
□ of all sizes 모든〔다양한〕 크기의

□ fountain 분수
□ work (기계 등이) 작동되다
□ path 길
□ leading to ···로 이어지는
□ orchard 과수원

1 **might be** …일 수도 있다 [⋯일지도 모르다]
   "This might be the secret garden," she thought.
   '이것이 비밀의 화원일 수도 있어.' 라고 그녀는 생각했다.

□ discover 발견하다
□ walled 벽으로 둘러싸인
□ kitchen garden 채소밭
□ covered in ⋯로 덮인
□ ivy 담쟁이덩굴
□ way in 입구
□ cheerfully 명랑하게

□ look up 올려다 보다
□ breast 가슴
□ hop about 껑충껑충 뛰어 돌아다니다
□ get one's attention ⋯의 주의 [관심]을 끌다
□ appear on ⋯에 떠오르다 [나타나다]
□ wheelbarrow 외바퀴 손수레
□ hang 드리워지다

Each time she discovered another walled garden. Finally, she came to the kitchen garden. At the far end, she found a wall covered in ivy. But she couldn't find a door!

"This might be the secret garden," she thought. [1] "But there's no way in!"

Suddenly, Mary heard a bird singing cheerfully in one of the trees. She looked up and saw a little bird with a red breast. He hopped about on the branches to get her attention. A smile appeared on her sad face!

As she came out of the garden, Mary saw an old man with a wheelbarrow.

"I can't find the door into that garden," she said.

"Which garden?" said the old man.

"The one behind the kitchen garden. It has a large tree hanging over the wall. I saw a bird with a red breast sitting in it. He was singing merrily!"

❓ 울새가 노래하고 있던 곳은?
a. kitchen garden
b. wall covered in ivy
c. orchard

정답은 q

Suddenly, the bird flew down onto the freshly dug ground.

"That's my friend, the robin," he said.

"Who are you?" asked Mary.

"Ben, I'm the gardner," he said. "Are you Mr. Craven's niece from India?"

"Yes, I am," said Mary.

At that moment, the robin flew up into an old apple tree and began to sing.

"I think he likes you," said Ben.

"Really?" Then Mary asked the robin, "Will you be my friend, too? I've never had any friends."

"We are alike, you and I," said Ben. "And I bet you have a bad temper like me!" [1]

Mary was shocked. No one had ever spoken to her [2] like that before.

"Am I really bad-tempered like this old man?" she thought.

☐ freshly 막 …한
☐ dig (땅을) 파다 (dig-dug-dug)
☐ ground 땅
☐ robin 붉은 가슴 울새

☐ gardener 정원사
☐ niece 조카딸, 질녀
☐ alike 서로 닮은, (아주) 비슷한
☐ shocked 충격을 받은

---

1 **I bet + 절** 틀림없이 …이다
   I bet you have a bad temper like me!
   틀림없이 아가씨는 나처럼 고약한 성질을 가졌을 거예요!

2 **had ever + p.p.** (과거 시점까지) …했던 적이 있다
   No one had ever spoken to her like that before.
   전에는 아무도 그녀에게 그렇게 말했던 적이 없었다.

Suddenly, the bird flew over the wall and into the secret garden.

"He lives in there among the old roses and flowerbeds."

"Where's the door to that garden?" asked Mary.

"The door was bricked up years ago!" said Ben, angrily. "Now go away, I have work to do!"

Mary was frightened, so she quickly returned to the house. She began to think about the secret garden. She felt that the garden must be behind the wall [1] covered in ivy. She decided to find the secret garden.

❓ 비밀의 화원과 관련이 없는 것은?
  a. the old roses and flowerbeds
  b. the beautiful door
  c. the wall covered in ivy   정답 q

□ flowerbed 화단
□ brick ... up ···을 벽돌로 막다
□ go away (떠나) 가다

□ frightened 겁먹은, 놀란
□ quickly 재빨리, 즉시
□ return 돌아오다(가다)

---

1 **must be** 틀림없이 ···이다 (있다)
  She felt that the garden must be behind the wall covered in ivy.
  그녀는 그 정원이 틀림없이 담쟁이덩굴로 덮인 벽 뒤에 있다고 느꼈다.

Check-up Time!

● **WORDS**

빈칸에 알맞은 형용사를 보기에서 골라 써넣으세요.

walled	crooked	spoilt

1 Each time she discovered another __________ garden.

2 He has a __________ back and didn't like meeting people.

3 Ayah allowed her to do whatever she wanted. So she became a __________ child.

● **STRUCTURE**

빈칸에 알맞은 단어를 골라 체크하세요.

1 You'd better __________ good manners!

a. have b. to have c. having

2 Her father was busy __________, and she seldom saw him.

a. to work b. working c. work

3 It was late evening __________ they finally arrived at Manor.

a. where b. when c. who

ANSWERS

Words | 1. walled 2. crooked 3. spoilt

Structure | 1. a 2. b 3. b

본문의 내용과 일치하면 T, 일치하지 않으면 F에 표시하세요.

1   Mary came from India to live with her uncle.   ☐T ☐F

2   Martha helped Mary dress and went outside
    with her.   ☐T ☐F

3   Mary found a wall covered in ivy in the garden.   ☐T ☐F

4   Ben showed Mary the door to the secret
    garden.   ☐T ☐F

● SUMMARY

빈칸에 알맞은 말을 보기에서 골라 이야기를 완성하세요.

> Mary lost her parents and went to live in England. Her
> uncle's house was big and had many (   ) gardens.
> She went outside and saw the wall which had no (   ).
> She asked the (   ) Ben about it, but he didn't want to
> talk to her. Mary thought that might be a (   ) garden.

a. gardener   b. beautiful

c. secret   d. way in

The Secret Garden
비밀의 화원

For the next few weeks, the wind blew strong and cold across the moor. But there was nothing to do inside, so every day Mary went outside to explore. She began to eat more, and each day she felt stronger. And she no longer felt angry all the time.

Sometimes Mary saw Ben, but he was always too busy to talk to her. She often walked along the path [1] beside the kitchen garden. The ivy grew very thickly on the wall where the door should be. One day, she [2] followed the robin* as he flew above her.

유럽산 '울새'로
갈색 몸과 빨간 가슴을 가진
몸집이 작은 새랍니다.

"There must be a door here somewhere!" she thought. "But where?"

---

1 too + 형용사(A) + to + 동사원형(B) 너무 A하여 B하지 못하는
He was always too busy to talk to her.
그는 항상 너무 바빠서 그녀와 이야기를 하지 못했다.

2 장소 명사(A) + where + 주어(B) + should be B가 있어야 하는 A
The ivy grew very thickly on the wall where the door should be.
담쟁이덩굴은 문이 있어야 하는 벽에 매우 두텁게 자라 있었다.

- [ ] blow (바람이) 불다
   (blow-blew-blown)
- [ ] explore 탐험하다
- [ ] no longer 더 이상 …않다
- [ ] all the time 항상, 늘
- [ ] grow (동식물이) 자라다
   (grow-grew-grown)
- [ ] thickly 두텁게, 빽빽하게

That night, while eating her supper, Mary discussed it with Martha.

"Mrs. Medlock said we shouldn't talk about it!" said Martha. "But why?" asked Mary.

"Mr. Craven was once very happy. He and his wife looked after the garden together. But one day, Mrs. Craven fell off the large tree branch she was sitting on. She was badly hurt and died the next day. Mr. Craven never got over it and shut himself away. Some people thought he was going mad!"

"Oh, the poor man," said Mary.

For the first time in her life, she felt sorry for someone else. She felt very strange.

"Maybe, I'm becoming a better person," she thought.

As she was thinking about it, she heard a strange wailing noise.

"What's that? It sounds like a child crying!" said Mary.

Martha suddenly looked confused and said quickly, "It's just the wind outside!"

"No, the sound is coming from inside!" said Mary.

"Nonsense! Now go to bed and sleep!"

Mary thought there was something awkward in Martha's manner.

"She's lying, and afraid to tell me the truth," she thought. "There are many secrets in this house!"

□ discuss A with B A에 대해 B와
  상의하다
□ look after …을 돌보다
□ fall off …에서 떨어지다 (fall-fell-fallen)
□ be badly hurt 심하게〔크게〕 다치다
□ get over (충격 · 질병 등)을 회복하다
□ shut oneself away 스스로를 고립시키다
□ go mad 미치다
□ feel sorry for …을 가엾게 여기다

□ wailing 울부짖는
□ noise 시끄러운 소리, 소음
□ confused 혼란스러운
□ nonsense 터무니없는 말〔생각〕
□ awkward 어색한
□ in one's manner …의 태도에
□ be afraid to + 동사원형
  …하기를 두려워하다
□ truth 진실

For the next few days, it rained heavily, so Mary couldn't go outside. One morning, as she woke up, Martha called to her.

"The rain has stopped. Look at the moor. The ☀ beautiful golden gorse and purple heather are starting to flower," she said.

Mary looked out the window. She had never seen a bluer sky before!

"I thought it was always gray and raining in England!" she said.

"Oh no," said Martha. "Yorkshire is beautiful in spring. You'll want to go outside all the time! I'm so happy, Mary. Today I'm off to see my family!"

When Martha went home, Mary felt lonely. So she went outside and walked around the garden until she was exhausted. Later that day, Mary met Ben in the old orchard. He seemed more cheerful than usual.

❓ 메리가 생각한 영국의 느낌이 아닌 것은?
L a. gray   b. blue   c. raining

- □ heavily 심하게, 아주 많이
- □ golden 금빛의
- □ purple 자주색의
- □ start to + 동사원형 …하기 시작하다
- □ be off to + 동사원형 …하러 자리를 뜨다(떠나다)
- □ exhausted 기진맥진한, 진이 빠진
- □ than usual 평소(여느 때)보다

Mini-Less☀n

현재완료 시제의 '완료' 용법

「have+p.p.」 형태의 현재완료 시제에는 과거에 일어난 일이 현재 끝난 상태를 나타내는 '완료' 용법이 있어요. 보통 '(막) …했다'로 해석되며 just, already와 같은 부사와 함께 잘 쓰인답니다.

- The rain has stopped. 비가 그쳤어요.
- I have just finished my homework. 나는 막 숙제를 마쳤다.

"Spring is coming," he said. "I always feel happy when I see the new flowers."

Just then, the friendly robin appeared.

"Do you think he remembers me?" she asked.

"Yes, he does! He knows everything that happens here."

Mary felt cheerful. She left Ben and skipped toward the kitchen garden. The robin followed her. He stopped and scratched around in the soil looking for worms. Then Mary saw something shiny on the ground. It was an old key! She picked it up and said, "It might be the key to the secret garden!"

Then the robin flew and sat on top of the wall, singing loudly. "Robin, you know everything here," she said. "Can you show me where the door is?"

Suddenly, a strong gust of wind blew aside some ivy on the wall. Mary saw the doorknob that had been hidden for years!

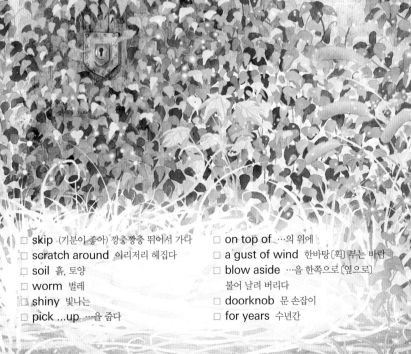

- skip (기분이 좋아) 깡충깡충 뛰어서 가다
- scratch around 이리저리 헤집다
- soil 흙, 토양
- worm 벌레
- shiny 빛나는
- pick ...up ...을 줍다
- on top of ...의 위에
- a gust of wind 한바탕 [획] 부는 바람
- blow aside ...을 한쪽으로 [옆으로] 불어 날려 버리다
- doorknob 문 손잡이
- for years 수년간

"Oh!" she whispered. "It must be the door to the secret garden!"

Mary's heart began to beat faster with excitement. Her hands shook as she turned the key in the lock. She slowly opened the door and slipped into the garden. Then she closed the door quickly, so no one would see her. Finally, she was standing inside the secret garden.

"Oh my!" cried Mary.

The garden was so mysterious that it took her
breath away. Wild roses climbed over the walls. Here
and there, old rose bushes had reached the ground.
But there were no leaves or roses growing on them.

□ beat (심장이) 뛰다
□ with excitement 흥분하여
□ lock 자물쇠
□ slip into …안으로 살짝 들어가다
□ take one's breath away
　 …의 숨을 멎게 하다
□ wild rose 야생 장미
□ rose bush 장미 덤불

"This garden must have looked beautiful when Mrs. Craven was alive," thought Mary. "It needs a lot of work. But if the roses are still alive, it could be beautiful again!"

She looked up at the fairylike arches between the trees. "It's so quiet and peaceful in here. This will be my secret garden!"

Mary pulled out some weeds so that the plants had room to grow. She worked for several hours before she went inside for dinner. She was happy to have her own secret place!

Martha was surprised to see how cheerful Mary was.

"My mother would be happy to see your rosy cheeks," she said.

"I need a little spade," said Mary.

"What for?" asked Martha.

Mary didn't want to tell her about her secret. So she said, "I could help Ben. And if I had some seeds, I could make my own garden."

"Well, that's a good idea! I'll ask Dickon to get a spade and seeds for you!"

- [ ] must have + p.p. 분명히 …했을 것이다
  (과거 사실에 대한 추측)
- [ ] fairylike 동화 같은, 요정 같은
- [ ] arch 아치형 구조물
- [ ] pull out …을 뽑다

- [ ] weed 잡초
- [ ] plant 식물; …을 심다
- [ ] room 자리, 공간
- [ ] spade 삽
- [ ] seed 씨, 씨앗

Mini-Less☀n

가정법 과거: 만약 …한다면 ~할 텐데

현재 사실과 반대되는 가정을 하고 싶을 때는 「If+주어+과거형 동사, 주어+would /
could / should / might+동사원형」으로 하면 된답니다. 이를 가정법 과거라고 해요.

- If I had some seeds, I could make my own garden.
  만약 나에게 씨가 좀 있다면, 나만의 화원을 만들 수 있을 텐데.
- If I knew him, I would talk to him. 내가 그를 안다면, 그에게 말을 걸 텐데.

For a whole week, the sun shone. Mary spent much of her time in the secret garden. She felt happier and healthier than she had ever been before. [1]

One day she asked Ben, "What should I plant to make a pretty garden?"

"Well," he said, "you should plant sweet smelling flowers, like roses."

"Do you like roses?" asked Mary.

"Yes," he said. "A lady taught me how to care for them. But she died ten years ago."

"Did the roses die, too?"

"No, some are still alive!" he said. "Now, watch what I do."

He showed her how to cut away the dead branches and trim the roses.

"Why do you want to know so much about gardening, Mary?" he asked.

She was afraid to answer him truthfully. So she said, "I have nothing to do here. I'd like a garden of my own!"

□ a whole week 한 주 (내내)
□ sweet smelling 향기로운 냄새가 나는
□ care for ···을 보살피다
□ cut away ···을 잘라 내다
□ trim 다듬다, 손질하다
□ gardening 원예
□ truthfully 솔직하게
□ of one's own 자신만의

1 형용사의 비교급+than+주어+**had ever been before** 그 어느 때보다도 더 …한
She felt happier and healthier than she had ever been before.
그녀는 그 어느 때보다도 더 즐겁고 건강해진 것을 느꼈다.

Later that day, Mary was walking through the woods. Suddenly, she heard a strange noise. She saw a boy sitting under a tree. He was about twelve years old. His cheeks were red, and his big eyes were bright blue. He was playing a little flute. When the boy saw her, he put his finger to his lips.

"Shhh! Don't make a sound," he whispered. "You'll scare my friends away!"

He pointed to the squirrels, the rabbits and the birds sitting nearby. Then he stood up and tiptoed quietly toward her.

"I'm Dickon," he said. "And I know you are Mary. I've got your spade and seeds."

"Show me the seeds, please," said Mary. Dickon showed her the seeds, and asked, "Where's your garden? I'll help you plant the seeds."

Mary wondered if she could trust him. But she realized that she needed his help to revive the secret garden.

- woods 숲
- bright blue 선명한 파란색의
- flute 플루트, 피리
- make a sound 소리를 내다
- scare ... away 겁을 주어
  …을 쫓아 보내다〔버리다〕
- point to …을 가리키다
- nearby 가까운 곳에
- tiptoe 발끝으로 살금살금 걷다
- wonder if …인지 아닌지 궁금하다
- trust 믿다, 신뢰하다
- revive 되살리다, 회복시키다

"Can you keep a big secret?" she said.

"I do it all the time," he said.

"I've found a garden nobody wants. The garden is almost dead. No one has taken care of it for years."

She led Dickon into the secret garden.

"Wow!" he whispered as he looked around. "It's a strange, but pretty place! It's like walking into [1] a dream!"

"Do you think I can make the roses grow again?"

He pointed to some tiny buds on the branches.

"Yes, look at the new growth," he said. "But there's a lot of work to do!"

"Will you help me, Dickon?"

"I'll come every day, if you like."

So, Mary worked happily with him in the garden. She had never felt so happy before. She had friends, flowers, animals, and her secret garden. She wasn't lonely anymore!

As it grew dark, she said sadly, "I have to go now. Remember, this place is a secret!"

"You can trust me!" said Dickon.

□ keep a secret 비밀을 지키다
□ tiny 아주 작은
□ bud 싹; 꽃봉오리

□ growth (동식물의) 성장
□ if you like (네가) 원한다면
□ grow dark (날이) 저물다

It's like ...ing 마치 …하는 것 같다
It's like walking into a dream! 마치 꿈속으로 걸어 들어가는 것 같아!

When Mary got to the house, Martha was waiting for her.

"Your uncle is here," said Martha. "He's leaving tomorrow, and he wants to see you before then!"

So Mary went to see him in his study. She had never seen her uncle before, and was curious to meet him. When she entered the room, she saw a man sitting in a chair.

"Come here, child!" he called.

Mary went to him. He wasn't ugly, but his face looked sad and worried. His shoulders were crooked, and his black hair was streaked with white.

"Are you well?" he asked. "Is everyone nice to you?"

"Yes," answered Mary.

"Hmmm, so what do you do all day, Mary?"

"I play in the garden every day."

"Is there anything you want, Mary?" he said.

"May I ... have a bit of garden?" she said.

Mr. Craven looked very surprised.

"I'd really like to plant some seeds in the garden. Then I can watch them grow!" continued Mary.

He covered his eyes with his hands, and then said quietly. "Many years ago, I knew someone who loved gardening like you. Take as much garden as you want!"

Then he left the room. He seemed very lonely and miserable.

□ study 서재
□ be curious to + 동사원형 …하는 것에 호기심이 생기다
□ be streaked with 줄무늬처럼 …색 머리가 나 있다
□ a bit of 약간의(소량의)
□ cover A with B A를 B로 가리다
□ love ...ing …하는 것을 아주 좋아하다
□ as much A as절 …한 만큼의 A
□ miserable 비참한

 Check-up Time!

● WORDS

빈칸에 들어갈 알맞은 낱말을 고르세요.

1 There was nothing to do inside, so every day Mary went outside to _____.

    a. revive   b. explore   c. grow

2 The robin _____ around in the soil looking for worms.

    a. scratched   b. shut   c. spent

3 She slowly opened the door and _____ into the garden.

    a. shut   b. blew   c. slipped

4 Mary _____ toward the kitchen garden.

    a. picked   b. skipped   c. beat

● STRUCTURE

괄호 안의 두 단어 중 알맞은 것에 동그라미 하세요.

1 Ben was always (too / so) busy to talk to her.

2 This garden must (look / have looked) beautiful when Mrs. Craven was alive.

3 It's like (walk / walking) into a dream!

사건이 일어난 순서대로 기호를 쓰세요.

a. Mary saw Dickon sitting under a tree with animals.

b. Mary asked her uncle to give her some garden.

c. Mary discussed the secret garden with Martha.

d. A wind blew aside some ivy on the wall, and Mary saw the doorknob.

(   ) → (   ) → (   ) → (   )

● SUMMARY

빈칸에 알맞은 말을 골라 이야기를 완성하세요.

> Mary finally found the (   ) door to the secret garden. The garden was almost (   ) because no one had taken care of it for years. Mary met Dickon and asked him to (   ) the garden. He promised to (   ) a secret about the garden and helped her. They worked happily together in the garden.

a. dying   b. hidden

c. revive   d. keep

ANSWERS

Summary | b, a, c, d
Comprehension | c, d, a, b

Colin Craven
콜린 크레이븐

It rained heavily that night, and Mary couldn't sleep.
All of a sudden, she heard the wailing noise again.

"That's not the wind," she thought. "Someone's
crying!"

□ all of a sudden 갑자기
□ at the end of …의 끝에
□ furniture 가구
□ bookshelf 책꽂이 (복수: bookshelves)

□ pale 창백한
□ ghost 유령
□ mean …을 의미하다
□ remind A of B A에게 B를 생각나게 하다

She followed the noise. It got louder as she reached the room at the end of the corridor. She opened the door and went in.

The room was full of old furniture, and large bookshelves covered one wall. A fire was burning in the grate. In the large bed, a pale sickly boy was crying. He was surprised to see Mary in his room.

"Are you a ghost?" he whispered.

"No, I'm Mary Lennox. Mr. Craven is my uncle," said Mary.

"I'm Colin Craven. Mr. Craven is my father!"

"How exciting! That means you are my cousin. Why didn't someone tell me about you?"

"Father says I'm too ill to see anyone."

"Why were you crying, Colin?"

"I couldn't sleep! I'm so lonely!"

"Then, I'll stay with you until you go to sleep."

Mary sat beside Colin's bed and started to talk.

"Does your father ever come to visit you?"

"Sometimes, but he is always unhappy to see me. My mother died when I was a baby. He doesn't like to see me because I remind him of my mother!"

"I know he hates your mother's garden, and has locked it away!"

"I didn't know that," said Colin. "Have you seen it?"

Mary wasn't sure if she could trust Colin to keep her secret. So she said, "No, and the gardeners refuse to talk about it!"

"Well, I shall make them tell me," cried Colin. "This place will be mine, if I live long enough!"

"Do you think you will die soon?" asked Mary, watching a wheelchair in the corner.

"Everyone expects it! I often lie here and think about dying. It makes me sad that I may never see the [1] outside world!"

"Do you want to see the garden, Colin?"

"Yes! I'll make the servants take me and open the door!"

She was very worried. She didn't want the servants to find the secret garden. So she said, "Let's keep it a secret! I'll find a strong boy to push your wheelchair when I've found the garden!" [2]

"I've never had a real secret before," whispered Colin, excitedly.

Mary and Colin talked late into the night. They
spoke about many things. The boy felt happier that
night than he had in a long time.

□ lock ... away …을 잠가 두다
□ trust A to + 동사원형(B) A가 B할
　　것이라고 믿다

□ refuse to + 동사원형 …을 거부하다
□ shall …하겠다
□ wheelchair 휠체어

1 **It makes + A**(사람)**+ B**(형용사)**+ that 절** …한 것은 A를 B하게 만들다
　 It makes me sad that I may never see the outside world!
　 바깥 세상을 영영 볼 수 없을지도 모른다는 것은 나를 슬프게 만들어!

2 **주어 + will + 동사원형, when**〔if〕**+ 주어 + have + p.p** …할 때〔하면〕～할 것이다
　 I'll find a strong boy to push your wheelchair when I've found
　 the garden! 화원을 발견할 때〔발견하면〕네 휠체어를 밀 튼튼한 소년을 찾을 거야!

The next day, Mary told Martha that she had met Colin.

"Oh no," cried Martha, "I'll be sent away. Colin hates people looking at him! He has a bad temper, and screams and yells!"

"Don't worry. He likes me," said Mary.

"My mother says he would get better if he had some fresh air. But he just lies around and reads all day!" said Martha.

Just then, a bell rang and Martha went to answer it. She came back looking very surprised.

"Colin is in a good mood today. He wants to see you!"

So Mary went to his room. She stared at the sickly boy in the bed.

"Why are you looking at me like that?" asked Colin.

"You are so different from Dickon!"

"Who's Dickon?" he asked.

---

1 **stop ...ing** ···하는 것을 그만두다
Stop talking about dying. 죽음에 대해 말하는 것을 그만둬.

☐ **send ... away** ···을 쫓아내다
☐ **scream** 소리 지르다 (= yell)
☐ **get better** (병·상황 등이) 좋아지다
☐ **lie around** 누워서 빈둥거리다
☐ **all day** 하루 종일
☐ **ring** (벨이) 울리다 (ring-rang-rung)
☐ **in a good mood** 기분이 좋은
☐ **stare at** ···을 빤히 바라보다(응시하다)

"He's Martha's brother. I've never met anyone like him before. He plays a flute, and all the animals on the moor love him!"

"I'll never go on the moor," said Colin, quietly. "I'm going to die!"

"Stop talking about dying," said Mary. "We should [1] always talk about living!"

Mary looked at Colin's sad weak face.

"Perhaps he'll stop thinking about dying if he meets Dickon!" she thought.

It rained for a whole week and Mary couldn't go to the secret garden. So she spent as much time as possible with Colin. They talked and laughed about lots of things. But Mary still wasn't sure that she could trust Colin with her secret.

Finally, the sun came out again, and Mary hurried outside. She was amazed to see colorful spring flowers appearing everywhere!

"The world is waking up!" she shouted to the morning air. "And it feels wonderful!"

When she slipped into the secret garden, Dickon was waiting for her. His fox cub sat at his feet and a large black crow was perched on his shoulder.

"Oh, Dickon, what a beautiful day!" she cried. [1]

"Yes, it is," he said. "I couldn't wait to get here this morning! Look, the roses are beginning to flower!"

---

1 **What + a + 형용사(A) + 명사(B)!** 얼마나 A한 B이냐!
   What a beautiful day! 얼마나 아름다운 날이냐!

□ trust A with B A를 믿고 B를 털어놓다
□ come out (해·달·별이) 나오다
□ hurry 서둘러 가다
□ be amazed to + 동사원형
   …하고 놀라다(감탄하다)
□ cub (곰·사자·여우 등의) 새끼
□ crow 까마귀
□ be perched on …위에 앉아(앉혀져) 있다
□ get (장소에) 도착하다(이르다)
□ come up (땅을 뚫고) 나오다(움이 트다)
□ build one's nest …의 둥지를 짓다
□ frighten …을 깜짝 놀라게 하다

"And look at all the new spring flowers coming up through the soil!"

"Shhh!" whispered Dickon, suddenly. "Can you see the robin building his nest? Don't frighten him!"

While Mary worked with Dickon, she told him about Colin.

"I knew there was a boy at the Manor. But no one talks about him," he said.

"I feel sorry for him," said Mary. "He's always talking about dying. The garden would cheer him up!" ☀

"What a good idea!" said Dickon. "I could push his wheelchair."

They worked happily all day. When Mary returned to the Manor, Martha was waiting for her.

"Colin is angry because you haven't visited him today!" Mary hurried to his room.

□ cheer ... up …의 기운을 북돋아 주다
□ hurry to …로 서둘러 가다

상상이나 추측에 쓰이는 would

would는 상상이나 추측을 할 때 흔히 쓰이며 '아마 …할 것이다' 라는 뜻을 나타낸답니다.

• The garden would cheer him up! 화원은 그의 기운을 북돋아 줄 거야!
• You would look pretty with shorter hair. 너는 머리가 더 짧으면 예뻐 보일 거야.

　As soon as Mary entered the room, Colin demanded,
"Where have you been?"

　"Dickon has been showing me how to plant seeds." ☀

　"If you spend all your time with that boy, I'll send
him away!" he shouted.

"If you do, I'll never visit you again!" said Mary, angrily. Suddenly Colin began to cry.

"Do you think I'll live long enough to grow up?" he sobbed.

"Martha's mother says you need fresh air. Then you'll get stronger."

"Mary, have you found my mother's garden yet?" he whispered. "If I can see the garden, I'll live a long time!"

"Rest now, and I'll tell you about it tomorrow."

Then Mary sat down beside Colin's bed and began to sing softly. Soon he was fast asleep.

□ as soon as …하자마자
□ demand 강력히 묻다, 따지다
□ grow up 어른이 되다
□ yet (의문문·부정문에서) 아직
□ rest 쉬다
□ softly 부드럽게

Mini-Less⚬n

현재완료 진행형

현재완료 진행형은 어떤 동작이 과거에 시작되어 현재까지 계속되고 있는 상황을 좀더 생동감 있게 묘사할 때 쓰는 시제랍니다. 「have been …ing」로 나타내며 '…하고(해 오고) 있다, …했다' 정도로 해석하면 된답니다.

• Dickon has been showing me how to plant seeds.
  디콘이 씨를 어떻게 심는지 나에게 가르쳐 주고 있어.
• I have been waiting for you all day long. 난 너를 하루 종일 기다렸어.

Check-up Time!

● **WORDS**

퍼즐의 빈칸에 들어갈 알맞은 철자를 써서 단어를 완성하세요.

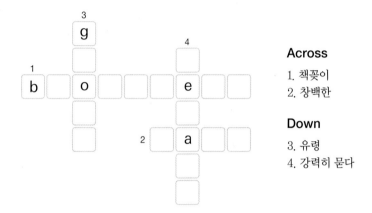

Across

1. 책꽂이
2. 창백한

Down

3. 유령
4. 강력히 묻다

● **STRUCTURE**

주어진 단어를 문장에 맞게 알맞은 형태로 고쳐 빈칸에 쓰세요.

1 The garden would _____ him up! (cheer)

2 He'll stop _____ about dying if he meets Dickon.
(think)

3 Dickon has been _____ me how to plant seeds.
(show)

본문의 내용과 일치하면 T, 일치하지 않으면 F를 쓰세요.

1 The wailing noise Mary heard was the wind. _____

2 Colin lay in his bed and read all day. _____

3 Mary didn't feel sorry for Colin because he had a bad temper. _____

4 Colin was angry because Mary hadn't visited him all day. _____

● SUMMARY

빈칸에 알맞은 말을 보기에서 골라 이야기를 완성하세요.

> Mary found Colin crying in his room at night. He was a ( ) boy and always thought about ( ). Mary promised him to find his mother's garden. Spring came and Mary saw new ( ) flowers everywhere. She worked happily with Dickon in the secret garden. They planned to take Colin there ( ).

a. sickly b. secretly

c. dying d. colorful

영국의 정원 양식 The Style of the English Gardens

In *The Secret Garden*, Mary came to love flowers and gardens when she went to live at Misselthwaite Manor. Many English people enjoy growing flowers, plants and vegetables in their own gardens. The gardens of Misselthwaite Manor reflect many different English gardening styles in 19th century.

- The vast lawns of the large country manors were used for playing games like tennis and bowls. Formal gardens were designed along straight lines, rectangles and circles, and were used to enhance the beauty of the house.
- Garden Mazes were a popular form of entertainment for wealthy families.
- The Kitchen Garden was developed to provide vegetables for the manor house.
- The Orchard Garden provided fresh fruit such as pears, apples and plums. Walls were usually built around the edible gardens to give shelter from strong winds, and also to keep out pests such as rabbits and hares.

〈비밀의 화원〉에서 미셀스와이트 저택에 와서 살게 된 메리는 꽃과 정원을 사랑하게 되지요. 많은 영국인들은 자신의 정원에서 꽃, 식물 그리고 채소 등을 가꾸는 것을 즐깁니다. 미셀스와이트 저택의 정원은 19세기 여러 다른 영국 정원 양식을 잘 반영하고 있어요.

- 시골의 대저택에 있는 넓은 잔디밭은 테니스나 볼링 같은 게임을 하는 데 사용되었어요. 잘 정돈된 정원들은 긴 직선이나, 사각형 또는 원형을 따라 설계되어 집의 미관을 돋보이게 했답니다.
- 미로 정원은 부유층이 여흥을 즐기는 데 인기 있었던 정원이랍니다.
- 채소밭은 저택에서 필요한 채소를 공급하기 위해 만들어졌습니다.
- 과수원은 배, 사과와 자두 같은 신선한 과일을 제공해 주었는데요. 이런 식용을 위한 정원들 주변에는 대개 벽을 세워서 강한 바람이나, 집토끼와 산토끼 같은 해로운 동물을 막아주었답니다.

Colin's Visit to the Secret Garden

비밀의 화원을 방문한 콜린

The next morning, Martha woke Mary early. She
was very excited.

"Look, Mr. Craven has sent you a present!" she
shouted.

Mary thought Mr. Craven had forgotten all about her. So, she was surprised to see the large wooden box.

"Wow!" said Mary as she opened it. "Look at all these gardening books, Martha. I must show these to Colin. It will brighten him up!"

But when she entered his room, Colin looked very pale and ill.

"Mary," he said. "I'm sorry for saying I would send [1] Dickon away yesterday. I'd really like to meet him."

"I'll see if he can come tomorrow," she said. "Look, your father sent me these gardening books! We need them because ..."

(?) 메리가 크레이븐 씨의 선물을 받고 놀란 까닭은?
a. 그가 자신을 잊고 있었다고 생각해서
b. 선물이 마음에 들지 않아서
c. 그가 너무 큰 선물을 보내서

e 유음답

☐ present 선물
☐ forget 잊다 (forget-forgot-forgotten)
☐ wooden box 나무 상자
☐ brighten ... up ⋯을 활력이 나게 하다
☐ see if ⋯인지 아닌지 알아보다

1 **I'm sorry for ...ing** ⋯해서 미안하다
I'm sorry for saying I would send Dickon away yesterday.
내가 어제 디콘을 내쫓겠다고 말해서 미안해.

She stopped talking all of a sudden, and said again, "Now I want to tell you something. But you must promise not to tell anyone."

"Yes! Yes!" he cried. "Tell me! Please tell me!"

"Okay," said Mary. "I've found the door into the secret garden!"

Colin couldn't speak! His eyes grew bigger and he struggled to breathe. [1]

"Oh," he said, excitedly. "When can I see it? Will I live long enough to see it?"

"Don't be silly! You will see it very soon!"

The next morning, Mary ran to Colin's room.

"Spring is here, Colin!" she cried as she opened all of the windows in his room.

A fresh breeze came in the window. The room was full of the sounds of birds singing.

"Now stop thinking about death. Just think about being healthy! Look, Dickon has brought his animals to see you!"

□ promise not to + 동사원형
　…하지 않겠다고 약속하다
□ grow + 형용사의 비교급 점점 …해지다
□ breathe 숨을 쉬다

□ Don't be silly!
　바보 같은 소리 하지 마!
□ breeze 산들바람, 미풍
□ death 죽음

1 **struggle to** + 동사원형 …하려고 애쓰다
He struggled to breathe.
그는 숨을 쉬려고 애썼다.

Just then, Dickon came into Colin's room carrying a lamb. The little fox cub ran beside him. The crow sat on his shoulder, and two squirrels peeked out of his pockets! Colin was amazed. He had never seen anything like it before! Dickon placed the lamb on Colin's knee and said, "He's hungry! Here's a bottle of milk. You can feed him if you like!"

Dickon and Mary sat quietly and watched Colin feed the lamb.

The children enjoyed themselves so much that they almost forgot the time. They talked for hours about the animals and the secret garden.

"When can I see the garden?" asked Colin, excitedly.

"Soon, Colin, soon!" said Mary.

□ lamb 어린〔새끼〕양
□ squirrel 다람쥐
□ peek out of …에서 밖을 엿보다
□ place 놓다, 두다

□ knee 무릎
□ a bottle of … 한 병
□ feed …에게 젖〔우유〕를 먹이다, 먹이를 주다
□ enjoy oneself 즐기다, 즐겁게 보내다

For several days, strong winds blew and heavy rain fell on the moor. Colin was busy planning his trip to the secret garden. So he forgot to feel tired and angry. Eventually, the rain stopped and the sun appeared.

"Mrs. Medlock, bring me my wheelchair!" he shouted. "I'm going outside today! And keep the gardeners away from the kitchen garden. Mary and Dickon will take care of me."

"Goodness me!" thought Mrs. Medlock. "Colin has changed since Mary arrived!"

The servants wrapped Colin in blankets and carried him outside. When he was settled in his wheelchair, he told the servants to go back inside. Then Dickon pushed him along the path in his wheelchair. Colin lay back and gazed at the blue sky.

"What's that lovely smell?" he said.

"That's the gorse and heather opening on the moor," said Dickon.

□ trip to ···로의 이동〔소풍〕
□ keep A away from B A가 B에는 얼씬도 못하게 하다
□ Goodness me! (놀람을 나타내어) 어머나!
□ wrap A in B A를 B에 (감) 싸다
□ blanket 담요
□ be settled in ···에 앉다〔자리 잡다〕
□ lie back 등을 기대다 (lie-lay-lain)
□ gaze at ···을 바라보다〔응시하다〕
□ open (꽃 등이) 피어나다

Soon Mary, Dickon and Colin came to the secret
garden. Mary lifted the ivy and unlocked the door.
Colin closed his eyes until he was inside. When he
opened them, he gasped.

"This is amazing!" he cried.

The garden had come alive with the spring growth.
New leaves and buds appeared on the wild roses that
grew on the walls, and climbed up into the trees. And
the apple and cherry trees were beginning to show
their pink blossoms.

Everywhere there were splashes of bright green, gold, purple and red. Above their heads, they could hear the buzzing of bees. And a heavy sweet perfume filled the air. Dickon pushed the wheelchair under the snow-white blossom of a plum tree.

"I want to stay in here forever!" cried Colin.

"Soon, you'll be walking and gardening just like us," said Dickon.

"Really?" said Colin, excitedly. "But I'm weak when I stand up!"

"Don't be afraid to try," said Dickon. "Then you can do whatever you want!"

□ unlock (열쇠로) 열다
□ gasp (놀라서) 숨이 막히다
□ amazing (감탄스럽도록) 놀라운
□ cherry tree 벚나무
□ blossom 꽃; 꽃이 피다
□ a splash of …라는 화사한 색
□ buzzing (벌들의) 윙윙거리는 소리
□ heavy sweet perfume
　 짙고 달콤한 향기
□ fill …을 (가득) 채우다
□ snow-white 눈처럼 하얀
□ plum 자두
□ whatever + 주어 + 동사
　 …가 ~하는 것은 무엇[어떤 것]이든지

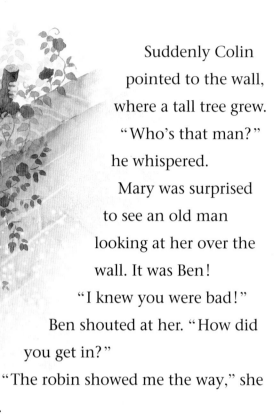

Suddenly Colin pointed to the wall, where a tall tree grew. "Who's that man?" he whispered.

Mary was surprised to see an old man looking at her over the wall. It was Ben!

"I knew you were bad!" Ben shouted at her. "How did you get in?"

"The robin showed me the way," she replied.

As Ben was shouting again, Colin demanded, "Do you know who I am?"

Then Ben recognized the boy sitting in the wheelchair on the grass.

"Yes ... you look just like your poor mother," he said in a shaky voice. "But they say you can't walk."

"Oh, yes, I can!" cried Colin, angrily. "Help me, Dickon! Help me, Mary!"

They held Colin's arms as he tried to stand up.
Mary felt sick with fear. Could Colin stand? Then
Colin's feet were on the grass and he was standing
up! His weak legs were shaking, but he shouted,
"Look at me now!"

□ get in (안으로) 들어가다
□ recognize (사람을) 알아보다
□ in a shaky voice 떨리는 목소리로

□ hold 잡다 (hold – held – held)
□ sick 속이 울렁거리는, 토할 것 같은
□ with fear 두려움으로

Ben couldn't believe his eyes, and began to cry.

"Oh, people told lies! You're not a cripple!"

"Now you get down from the wall and come here," said Colin. "I want to talk to you. You have to help us keep the garden a secret."

"Yes, I will," said Ben, drying his eyes.

Ben joined the children in the secret garden.

"I will do anything to fix your poor mother's garden," said Ben.

"Well, it's mine now. But you must not tell [1] anyone!"

Ben smiled and said, "Don't worry. Nobody knows that I have worked in here since your mother died."

"What! But how?" exclaimed Colin.

"I didn't come through the door," explained the old man. "I came over the wall. After Mrs. Craven died, no one was allowed to enter the garden. But I didn't want it to die. So I climbed over the wall and worked here in secret."

□ cripple 절름발이
□ get down from …로부터 내려오다
□ dry one's eyes …의 눈물을 닦다
□ join …에 합류하다
□ fix 고치다, 보수하다

□ exclaim 외치다, 소리치다
□ explain 설명하다
□ come(climb) over a wall
　담을 타넘다
□ in secret 몰래

Tears came to old Ben's eyes as he continued,
"Then my old legs got weak and I couldn't climb the
wall anymore. It's a long time since I've been here." [2]

---

1 **must not + 동사원형** …해서는 안 되다
You must not tell anyone! 누구에게도 말하면 안 돼요!

2 **It's a long time since절** …한 지도 오래되다
It's a long time since I've been here. 제가 여기 와 본 지도 오래되었군요.

As they were talking, it began to get dark.

"Help me stand, Dickon," said Colin. "I've never seen the sun go down before. Tonight I'd like to watch the sunset."

It was a magical evening in the secret garden. Colin had learned to stand up, although his legs were still weak. And when the sun disappeared over the garden

wall, he knew he would grow strong in his mother's garden.

Over the next few months, the secret garden was transformed. Every day the children saw something new in the garden. It seemed as if a magician visited ☀ it every night.

"There is magic in there – good magic, Mary," said Colin. "I'm sure there is."

"So am I," said Mary. [1]

☐ get dark 어두워지다
☐ go down (해 등이) 지다
☐ sunset 일몰, 저녁 노을

☐ magical 황홀한, 이상한, 불가사의한
☐ transform 탈바꿈시키다, 변형시키다
☐ magician 마법사

---

1 **So + be동사/do동사 + 주어** ···도 그러하다 (앞 문장에 대한 동의)
  "So am I," said Mary. "나도 그래."라고 메리가 말했다.

Mini-Less☀n

as if + 주어 + 과거형 동사: 마치 ···인 것처럼

See p.109

• It seemed as if a magician visited it every night.
  마치 마법사가 매일 밤 그곳을 다녀가는 것처럼 보였다.
• Anna talked as if she didn't know me. 애나는 마치 나를 모르는 것처럼 말했다.

Every morning, with the help of Mary and Dickon, Colin walked around the garden. Sometimes he even took a few steps by himself.

"I'm getting stronger," he said, one morning. "Now I know I'll live forever! When my father returns, I'll surprise him by walking alone!"

"Well done, Colin!" said Mary. "You don't talk about dying anymore."

"I wish my mother were alive to see how much ※ stronger I am."

"But your mother is here in the flowers and trees she planted," said Dickon. "And she is growing in you, too!"

□ take a few steps 몇 (발)걸음을 떼다
□ by oneself 혼자서, 혼자 힘으로
□ by ...ing …해서, …함으로써
□ Well done! 잘했어!

□ silence 정적, 고요
□ come over …을 찾아오다〔덮치다〕
□ all around …의 온 주변에서
□ far away 멀리

Mini-Less☀n

I wish + 주어 + 과거형 동사: …이면 좋겠다

See p.110

I wish 다음에 「주어 + 과거형 동사」가 오면 현재 사실과 다른 상황을 바라는 표현이 만들어져요. 이때의 과거형 동사는 가정법 시제이므로 be동사의 경우 were를 씁니다.

• I wish my mother were alive to see how much stronger I am.
  엄마가 살아 계셔서 내가 얼마나 더 튼튼해졌는지 보셨으면 좋겠어.
• I wish I had a dog. 개가 한 마리 있으면 좋겠는데.

Then a strange silence came over the garden. Colin could feel his mother all around him. It almost felt like magic. But he didn't realize that the magic had flown far away – far away to a beautiful lake. And by that lake, a very sad lonely man was sitting.

Check-up Time!

● WORDS

빈칸에 알맞은 단어를 보기에서 골라 써넣으세요.

magician	death	perfume	trip

1 It seemed as if a _____ visited it every night.

2 Colin was busy planning his _____ to the garden.

3 A heavy sweet _____ filled the air.

4 Now stop thinking about _____. Just think about being healthy!

● STRUCTURE

빈칸에 알맞은 단어를 골라 문장을 완성하세요.

1 You must not _____ anyone!

   a. telling   b. to tell   c. tell

2 It's a long time _____ I've been here.

   a. since   b. after   c. where

3 I'm sorry _____ saying I would send Dickon away yesterday.

   a. of   b. for   c. in

다음은 누가 한 말일까요? 기호를 써넣으세요.

a.

Colin

b.

Mary

c.

Dickon

1 _____ I've found the door into the secret garden!

2 _____ Now I know I'll live forever!

3 _____ Your mother is here in the flowers and trees she planted.

● SUMMARY

빈칸에 알맞은 말을 보기에서 골라 이야기를 완성하세요.

> Dickon visited Colin and they had a good time. Mary and Dickon finally (   ) him to the secret garden. Colin was (   ) to see everything there. Ben found them, but he began to cry when he saw Colin (   ) up. Ben agreed to help them. Colin felt that he could be (   ) in his mother's garden.

a. strong

b. standing

c. took

d. amazed

Summary : c, d, b, a
Comprehension : 1. b 2. a 3. c

Welcome Home!

집에 오신 것을 환영합니다!

While the secret garden was coming alive, a man was wandering around the beautiful countries of Europe. He had been traveling around the world for ten years, trying to forget all the sadness in his life. But even though he saw many beautiful sights, he was still unhappy. He was Mr. Craven.

But one day as he was sitting by a lake, he realized how beautiful something living was. The lake was beautiful and the sun shone brightly on its surface. It seemed very quiet as he sat. He felt strangely calm.

□ come alive 활기를 띠다
□ travel 여행하다
□ sadness 슬픔
□ sight 광경; 관광 명소

□ surface 수면, 표면
□ calm (마음이) 차분한, 평온한
□ happen to …에게 일어나다
□ at peace 평화로운

"What's happening to me?" he whispered.
"I almost feel alive again!"

After that day, he began to feel stronger and more at peace.

One beautiful moonlit night, Mr. Craven went for a walk. After a while, he sat on a seat to rest. He was so calm and relaxed that he fell asleep. As he slept, he heard his wife's sweet voice calling him.

"Archie! Archie!"

"Lilias!" he cried. "Where are you, my love?"

"I'm in the garden! I'm in the garden!"

The voice sounded like the beautiful song of an angel. When he woke up, he thought about the dream carefully.

"She said she was in the garden," he said to himself.
"But the door is locked and the key is buried."
The next morning, he received a letter.

Dear Mr. Craven

I am Martha's mother. You should come home as soon as possible. I think you will be surprised by the changes at Misselthwaite Manor. And I think your wife would want you to come home, if she was here.

Kind Regards, 편지를 끝맺는 말로 '안부를 전하며'라는 뜻으로 사용된답니다.
Susan Sowerby

Mr. Craven read the letter again.
"This must have something to do with my dream," he [1] thought. "I will travel back home immediately."

- □ moonlit 달빛이 비치는
- □ go for a walk 산책하러 가다
- □ seat 벤치, 자리
- □ relaxed (마음이) 편안한
- □ carefully 주의 깊게
- □ say to oneself 혼자 중얼거리다
- □ as soon as possible 가능한 한 빨리
- □ immediately 즉시

1 **have something to do with** …와 관련이 있다
This must have something to do with my dream.
이것은 분명 내 꿈과 관련이 있어.

Later that day, Mr. Craven set off for Misselthwaite Manor. Along the way, as he was watching the passing landscape, he thought about his son, Colin.

"I was so sad when Lilias died that I ignored him. Actually, I was really trying to forget him!"

Tears fell from his eyes. He took out his handkerchief, and wiped them from his sad face.

"But he looked so much like his mother. I couldn't bear to look at him! I've been a terrible father! But, [1] maybe I can change. Maybe I can be a good father from now on."

Suddenly, he heard Lilias calling him again.

"I'm in the garden! I'm in the garden!"

"I have to find that key," he said. "I need to get into her garden!"

On the long journey back to Yorkshire, he felt happy to be going home to his son. He felt like he had come out of the long dark tunnel.

□ set off for …을 향해 출발하다
□ along the way 가는 길에〔동안〕
□ take out …을 꺼내다 (take-took-taken)
□ handkerchief 손수건
□ wipe A from B B에서 A를 닦아 내다

□ terrible 형편없는
□ from now on 지금부터는
□ get into …안으로 들어가다
□ on the journey back to
　…로 돌아오는 여정〔여행길〕에

❓ 크레이븐 씨가 아들을 차마 보지 못했던 이유는?

    a. 아들이 성격이 고약해서
    b. 자신의 일이 너무 바빠서
    c. 아들이 죽은 아내를 닮아서   c 답장

1 **cannot bear to + 동사원형** 차마 …할 수 없다
I couldn't bear to look at him! 나는 차마 그 애를 볼 수 없었어!

Several days later, Mr. Craven arrived home. He immediately went along the long path to the kitchen garden. He stopped beside the wall.

"But it's covered in ivy! How can I get in?"

Then he heard a noise. It was the sound of children laughing!

"That's strange," he thought. "Nobody has been in that garden for ten years!"

Suddenly, the door burst open! A young boy came running out, and two other children followed him. They were surprised to see Mr. Craven.

But, he couldn't believe his eyes! Was this tall handsome boy his son?

□ several days later 며칠 후
□ burst open (문이) 벌컥 열리다
□ run out 뛰어 나가다

"Father, you've come home!" shouted Colin. "Do you recognize me?"

"C-Colin? Is that really you?" said Mr. Craven.

"Yes, it is! You don't believe it, do you? This garden ☀ has made me healthy! Now I know I'm going to live forever!"

Mini-Less☀n

부가 의문문

자신이 한 말에 대해 동의를 구할 때 우리말로 '그렇지〔그렇지 않니〕?' 라고 덧붙이는데, 영어에서는 어떻게 표현할까요? 주절이 긍정이면 부정으로, 부정이면 긍정으로 주절 뒤에 「조동사 / be 동사 + 주어 + 물음표」를 붙이면 된답니다.

• You don't believe it, do you? 아버지는 믿지 못하시겠죠, 그렇죠?
• She is beautiful, isn't she? 그녀는 아름다워, 그렇지 않니?

Mr. Craven began to shake. He was so happy that he wanted to cry. He took Colin in his arms and held him tightly. Then he said, "Show me the garden, son."

Colin led his father into the secret garden. Mr. Craven was amazed to see what the children had done. Lilias's garden had been transformed into a splendid display of color!

"I thought this would all be dead by now," he said.

"It was Mary who found it," said Colin. "And it was her idea to bring it back to life!"

□ take ... in one's arms
　…을 ~의 팔에 안다
□ splendid 아주 인상적인 (아름다운)

□ display 전시, 진열
□ by now 지금쯤은 (이미), 이제
□ bring ... back to life …을 소생시키다

Then they sat on the grass and told Mr. Craven their story. And they told him the servants still believed that Colin couldn't walk.

"Father," said Colin, "I don't need the wheelchair. I'll walk back to the house with you!"

It was + 사람(A) + who + 과거형 동사(B) B했던 사람은 바로 A였다 (강조)
It was Mary who found it. 이곳을 발견했던 사람은 바로 메리였어요.

A little while later, Ben was drinking tea in the kitchen.

"Look out the window, Mrs. Medlock," he said. "And you will see a miracle!"

So Mrs. Medlock looked outside, and was surprised by what she saw.

"Oh, goodness, me!" she cried. "I don't believe it!"

All the servants came running when they heard her cry.

"It's the Master and his son!"

Their eyes followed her gaze. The Master of Misselthwaite was coming across the lawn toward the house. He looked happy, and for the first time since his wife died, he was smiling.

His son was beside him. But Colin wasn't in a wheelchair, he was walking! He wasn't sad and pale anymore. He was laughing and chatting. They could all see that he was as strong as any boy in Yorkshire! ☀

When autumn came, the flowers died and the leaves changed from green to red, yellow and orange. But the children knew that the garden would be beautiful again next year. And maybe they would, too!

□ a little while later 조금 뒤에
□ miracle 기적
□ master 주인
□ gaze 시선, 눈길

□ chat 이야기를 나누다, 수다를 떨다
□ leaf 나뭇잎 (복수: leaves)
□ change from A to B
　　A에서 B로 변하다

Mini-Less☀n

See p.111

as + 형용사 + as + 사람 〔사물〕: …만큼(이나) ~한
• He was as strong as any boy in Yorkshire!
　그는 요크셔의 어떤 소년만큼이나 건강했다!
• Sarah is as smart as you. 사라는 너만큼 똑똑하다.

Check-up Time!

● **WORDS**

퍼즐의 빈칸에 들어갈 알맞은 철자를 써서 단어를 완성하세요.

Across

1. (마음이) 편안한
2. 달빛이 비치는

Down

3. 이야기를 나누다
4. 아주 인상적인

Crossword:
- 4 (down, top): s
- 1 (across): r _ _ a _ e _
- 2 (across): m _ _ _ _ i _

● **STRUCTURE**

주어진 단어들을 어순에 맞게 쓰세요.

1 I couldn't _____ _____ _____ at him!
(to, bear, look)

2 _____ _____ Mary _____ found it.
(was, who, it)

3 He was _____ _____ _____ any boy in
Yorkshire! (strong, as, as)

사건이 일어난 순서대로 기호를 쓰세요.

a. Mr. Craven returned to Yorkshire.

b. Mr. Craven was sitting by a lake.

c. The servants were surprised to see Colin walking.

d. Mr. Craven couldn't believe how strong his son was!

(   ) → (   ) → (   ) → (   )

● SUMMARY

빈칸에 알맞은 말을 보기에서 골라 이야기를 완성하세요.

While he was (   ) around Europe, Mr. Craven (   ) that his dead wife called him in the garden. He returned home and went to the secret garden. Mr. Craven was surprised when he saw his (   ) son and children there. He was also amazed to see that the garden (   ) alive beautifully. He and his son Colin walked back to the house happily.

a. healthy

b. dreamed

c. came

d. traveling

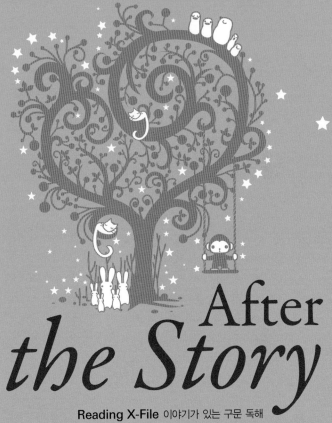

After
the Story

Reading X-File 이야기가 있는 구문 독해
Listening X-File 공개 리스닝 비밀 파일
Story in Korean 우리 글로 다시 읽기

본문 page 24
본문 page 87

She followed a long path leading to a tall brick wall.

그녀는 높은 벽돌 담장으로 이어지는 긴 길을 따라갔다.

★　★　★

영국의 고모부 집에 와서 살게 된 메리는 어느 날 정원을 산책하다가 벽돌담으로 이어지는 긴 길을 따라가게 됩니다. 그 모습을 나타낸 위 문장에서 path 뒤에 which was가 생략되어 있었다는 사실, 눈치채셨나요? 이는 분사 앞에 나오는 「관계대명사+be동사」는 생략이 가능하기 때문인데요, 이렇게 「관계대명사+be동사」가 생략되는 예를 메리와 벤 할아버지의 대화로 살펴볼까요?

There is a bird (which is) sitting in the tree.
He is singing merrily!

나무에 앉아 있는 새 한 마리가 있어요.
즐겁게 노래하고 있네요!

Mary

He is my friend, the robin.
I often hear him singing nearby.

그 새는 내 친구 울새예요.
난 종종 근처에서 울새의 노래 소리를 듣곤 하죠.

Ben

It seemed as if a magician visited it every night.

마치 마법사가 매일 밤 그곳을 다녀가는 것 같았다.

★　★　★

봄이 찾아오고 비밀의 화원도 아이들의 노력으로 아름답게 되살아납니다. 메리와 디콘, 콜린은 화원에서 매일 새로운 각양각색의 꽃들을 보게 되고 급기야 마법사가 매일 밤 다녀가는 것 같다고 느끼게 됩니다. 위 문장은 그 상황을 '마치 …인 것 같이〔처럼〕'을 뜻하는 as if + 주어 + 과거형 동사를 써서 나타내고 있어요. 그럼 이 표현을 크레이븐 씨와 메들록 부인의 대화로 다시 한번 익혀봐요.

Mr. Craven

A strange thing happened last night.
I felt as if I heard Lilias's voice.

어젯밤 이상한 일이 있었네.
난 마치 릴리아의 목소리를 들은 것 같았어.

Mrs. Medlock

That's impossible, Sir.
She died a long time ago.

그건 불가능하지요, 주인님.
그 분은 오래 전에 돌아가셨어요.

본문 page 88
본문 page 103

I wish my mother were alive to see how much stronger I am.

엄마가 살아 계셔서 내가 얼마나 더 건강해졌는지 보시면 좋을 텐데.

★ ★ ★

비밀의 화원에서 건강해진 콜린. 그는 어머니가 살아 있어서 건강해진 자신을 보면 얼마나 좋을까 생각하지요. 그 바람을 담은 위 문장은 I wish +주어+과거형 동사의 형태를 통해 '…라면 좋을 텐데'라는 뜻을 나타내고 있어요. 이때 과거형 동사는 현재 사실과 반대되는 상황을 바랄 때 쓰는 가정법 시제랍니다. 그럼 메리와 마사의 대화로 다시 살펴봐요.

Mary

I wish I had some earth to plant seeds.
Then I can make my own garden.

씨를 심을 땅을 좀 가지면 좋겠어.
그럼 내 화원을 만들 수 있잖아.

Martha

Oh, that's a good idea!
Why don't you ask Mr. Craven?

어머, 좋은 생각이에요!
크레이븐 씨에게 부탁하는 게 어떨까요?

He was as strong as any boy in Yorkshire!

그는 요크셔의 어떤 소년만큼 건강했다!

★　★　★

비밀의 화원에서 걸어 나오는 크레이븐 씨와 그의 아들 콜린을 본 하인들은 모두 깜짝 놀랍니다. 콜린이 병약해서 걷지도 못한다고 생각하고 있었기 때문이지요. 그러나 콜린은 그 지역에 사는 어느 소년만큼이나 건강했어요. 이때 쓰인 '…만큼 ~하다'라는 뜻의 as + 형용사 + as + 사람〔사물〕, 디콘과 콜린의 대화로 다시 살펴볼까요?

Dickon

You're getting better! You're going to be as healthy as me soon.

넌 몸이 좋아지고 있어!
곧 나만큼 건강해질 거야.

Colin

I hope so. I want to be strong enough to work in the garden!

나도 그랬으면 좋겠어. 정원에서 일할
수 있을 만큼 건강해지면 좋겠어!

01 wood는 우드? 아니, 우어드!

w 뒤에 모음이 나오면 w를 또렷하게 [우]로 발음해 주세요.

w 뒤에는 흔히 모음이 나옵니다. 이런 경우 w와 뒤에 나오는 모음은 어떻게 발음해야 할까요? 네, 그래요. w와 뒤의 모음 모두 또렷하게 발음해야 한답니다. wo[우어], we[우에], wi[우이] 처럼 말이죠. 그러니까 wood는 [우드]가 아니라 [우어드]로 발음되는 거예요. 그럼 본문 24쪽에서 w와 이어지는 모음의 발음을 살펴볼까요?

It was (①), so there were no flowers to be seen. And the fountain wasn't (②).

① **winter** w와 i를 각각 발음해서 [우윈터]로 발음했지요?
② **working** [워킹]이라고요? 아니죠, [우워킹]으로 발음하세요.

wood

th

02 바람을 일으키세요!

[θ]는 바람을 내보내며 내는 소리에요.

우리말에는 없는 번데기 th[θ] 발음. 영어와 처음 만났을 때부터 신경 써서 배웠지만, 여전히 어려운 발음이죠. 한 번 제대로 발음해 볼까요? 먼저 혀를 윗니와 아랫니 사이에 넣어 살짝 물고 바람을 내보내면서 [쓰~]하는 바람 소리를 내세요. 우리말 [씨] 소리에 비해 바람 소리가 강하게 나는 것을 느낄 수 있을 거예요. 그럼 본문 74쪽을 볼까요?

Now stop thinking about (①). Just (②) about being healthy!

① **death** 주의 깊게 들어보세요. th가 거센 [씨]로 발음되어 [데씨]라고 발음했지요?
② **think** 마찬가지로 바람소리 [씨]가 강하게 나와 [씽크]라고 발음한 걸 알 수 있어요.

03 입 안의 공기를 내보내세요~

v는 윗니를 아랫입술 끝에 살짝 대고 발음하세요.

- -

v 발음은 우리말에는 없기 때문에 단순한 [ㅂ]로 발음하면
오해가 생기기 쉬워요. 예를 들어, '계곡'을 뜻하는 valley
를 '배'를 뜻하는 belly로 오해할 수 있다는 거지요. 그럼
v 발음은 어떻게 해야 할까요? 윗니를 아랫입술 경계선에
살짝 얹은 상태에서 입 안의 공기를 후욱 내보내면서 [v]
라고 발음을 해보세요. 그럼 정확한 소리가 나온답니다. 본
문 94쪽에서 살펴볼까요?

The (　　) sounded like the beautiful song of
an angel. When he woke up, he thought
about the dream carefully.

voice v 발음이 입 안의 공기를 타고
나와 [붜이씨]에 가깝게 소리나요.

04 자음들이 떼로 나올 때는 …

자음이 3개 이상 연이어 나올 때 중간 자음은 없는 셈 치세요.

우리가 감사를 표현할 때 흔히 사용하는 thanks. [쌩크스]라고 발음하나요? 아니죠, [쌩스]라고 하지요. 이는 자음이 3개 이상 연달아 나올 경우 중간 자음은 발음되지 않는 경우가 많기 때문이에요. 따라서 thanks는 중간 자음 k가 생략되어 [쌩스]가 된 거에요. 그럼 이런 경우를 본문 96쪽에서 함께 찾아볼까요?

Along the way, as he was watching the passing (   ), he thought about his son, Colin.

landscape 중간 자음인 d 소리가 생략되어 [랜스케이프]라고 발음했어요.

1장 | 메리 레녹스

`p.14~15` 메리 레녹스는 우울하고 병약한
아이였다. 그녀는 마른 얼굴과 몸, 그리고
연한 노란색 머리카락을 가지고 있었다.
메리는 늘 화가 나 있었고 웃는 법이 없었다.
사람들은 모두 그녀가 밉고 심술궂게 보인다고
말했다.

메리는 인도에서 태어났다. 어머니는 아이를
전혀 원하지 않았기 때문에 그녀에게 신경을 쓰지
않았다. 아버지는 일하느라 늘 바빠서 그녀는 아버지를 좀처럼 볼 수 없었다. 그래서
인도인 하녀인 아야가 그녀를 돌보았다.

메리는 친구를 한 번도 가져보지 못했고 다른 아이들과 노는 법도 배우지 못했다.

아야는 그녀가 뭐든지 제멋대로 하게 내버려 두었다. 그래서 그녀는 버릇없고 성을
잘 내는 아이가 되었다.

메리가 아홉 살 때 그녀의 부모는 콜레라로 세상을 떠났다. 그녀는 영국에 사는 고
모부인 아치볼드 크레이븐에게 보내져 그와 함께 살게 되었다. 그의 집 미셀스와이트
저택은 요크셔 황무지 가장자리에 서 있었다.

`p.16~17` 메리가 런던에 도착했을 때, 고모부의 여집사인 메들록 부인이 그녀를 만
나러 나왔다. 부인은 통통한 체구에다 장밋빛 뺨, 그리고 예리한 검은 눈을 지녔다.

"안녕, 메리 아가씨, 고모부가 아가씨를 마중하라고 절 보내셨어요!" 메들록 부인이
말했다.

"아줌마가 내 하녀예요?" 메리가 물었다.

"흠!" 메들록 부인은 퉁명스럽게 말했다. "아가씨는 예의를 잘 갖춰야 하겠군요! 난
아가씨 고모부를 위해 일하고 있어요, 아가씨를 위해서가 아니고요! 서둘러요! 기차
를 타야 하니까!"

메리는 여집사가 끔찍하다고 생각해서 그녀에게 말을 하지 않았다. 두 사람이 요크셔로 가는 기차에 올라탔을 때, 메리는 메들록 부인을 무시했다. 그녀는 자리에 앉아 창문에 바싹 코를 대고 지나가는 풍경을 바라보았다.

'모든 게 차갑고 우중충해 보여. 해가 쨍쨍한 인도와는 너무 달라!' 메리는 슬픈 생각을 했다.

`p.18~19` "아가씨 고모부 집은 크고 웅장하지만, 오래되었고 음침해요." 메들록 부인이 말했다.

메리는 듣고 싶지 않았지만, 새로운 것은 무엇이든 그녀의 관심을 끌었다.

"집 주변에는 큰 정원이 하나 있고 조그만 정원과 나무도 많지요." 메들록 부인이 말을 이었다. "방도 거의 백 개쯤 있는데, 대부분 다 잠겨 있어요!"

"방이 왜 잠겨 있어요?" 메리가 물었다.

"아가씨 고모부는 젊었을 때는 항상 화를 잘 냈어요! 그 분은 등이 굽으셔서 사람들을 만나는 것을 좋아하지 않았죠. 그러다가 한 사랑스러운 아가씨와 결혼했고, 두 분은 매우 행복했어요. 하지만 마님이 갑자기 돌아가시자 그 뒤로 그 분은 멀리 떠나 있을 때가 많았어요. 그래서 우리는 많은 방이 필요하지 않아요." 메들록 부인이 말했다.

메리는 고모부에게 점차 흥미를 느끼기 시작했다.

저녁 늦게 그들은 미셸스와이트 저택에 도착했다. 메리는 집을 보자 얼마나 큰지 믿을 수 없었다! 회색 벽돌로 만들어진 낮은 담이 길게 이어져 있었다. 집은 커다란 돌이 깔린 안뜰 위에 지어져 있었다. 그리고 널찍한 아름다운 정원들이 집 주위를 둘러싸고 있었다.

`p.20~21` "자, 메리 아가씨, 방으로 안내해 드릴게요." 메들록 부인이 말했다.

그녀는 메리를 데리고 넓은 계단으로 올라가 두 개의 길고 어두운 복도를 지나갔다. 이윽고 부인은 닫혀 있는 문들 가운데 하나를 열었다. 방은 넓었다. 안에는 난롯불이 타오르고 있었다. 작은 탁자 위에는 메리의 저녁 식사가 준비되어 있었다.

"이게 아가씨 방이에요. 저택을 어슬렁거리지 마세요. 주인님께서 싫어하니까 말이에요!" 메들록 부인이 말했다.

메리는 너무 외로워서 저녁 식사를 할 수가 없었다. 그래서 그녀는 침대에 올라가 잠을 자려고 애썼다.

다음 날 아침, 메리가 잠에서 깨었을 때 한 젊은 여자가 방을 청소하고 있었다.

"넌 누구지?" 메리가 물었다.

"전 마사예요. 아가씨 방을 청소하고 식사를 가져다 줄 거예요. 이제 옷을 입을 시간이에요."

"하지만 누가 옷 입는 걸 도와주지?" 메리가 물었다.

"당연히 아가씨 스스로 입어야죠!" 마사가 말했다

"싫어! 인도에서는 하인들이 항상 나를 도와줬어!" 메리는 훌쩍였다.

"오늘은 제가 도와주겠지만 평소에는 시간이 없어요. 아가씨는 스스로 하는 법을 배워야 할 거예요!" 마사는 말했다.

p.22~23 옷을 다 입고 난 후 메리는 창 밖을 내다보았다. 황량한 풍경이 눈에 들어왔다. "저게 뭐야?" 메리가 물었다.

"황무지예요." 마사가 대답했다. "여름에는 히스 꽃과 가시금작화가 피어나고 공기도 달콤하답니다. 또 벌이 웅웅거리는 소리와 새들이 노래하는 소리도 들을 수 있어요!"

"난 싫어! 너무 따분하고 우중충해!"

"따분하지 않아요. 저에겐 열한 명의 형제자매가 있는데, 그 애들은 매일 황무지에서 놀아요. 우리 어머니는 신선한 공기가 몸에 좋다고 말씀하세요!" 마사가 말했다.

하지만 메리는 그 말을 한 마디도 믿지 않았다.

아침 식사를 마친 후 마사가 말했다. "이제 밖에 나가서 놀아요."

"누가 나와 같이 가 주지?" 메리가 물었다.

"아무도 시간이 없어요. 제 남동생 디콘은 혼자서 몇 시간 동안 황무지에 나가 있어요! 그 애는 아주 친절하고 모든 동물들이 잘 따른답니다. 운이 좋으면 그 애를 만날 수 있을 거예요."

밖은 추웠기 때문에 메리는 코트를 입고 따뜻한 부츠를 신었다. 그녀는 몹시 외로움을 느꼈다.

p.24~25 "정원은 저쪽이에요. 하지만 정원 중 하나는 항상 잠겨 있어요!" 마사가 말했다.

"왜?" 메리가 물었다.

"그곳은 마님의 화원이었어요. 마님이 돌아가시자 주인님께서 문을 잠그고 열쇠를 묻어 버리셨어요."

'오, 그거 이상한 걸.' 메리는 생각했다.

그녀는 그 비밀의 화원에 대해 호기심이 생겼다.

밖에 나간 메리는 광활한 잔디밭과 온갖 크기의 나무들을 보았다. 겨울이라 보이는 꽃은 하나도 없었다. 분수도 작동하고 있지 않았다.

그녀는 높은 벽돌 담장으로 이어지는 긴 오솔길을 따라갔다. 커다란 초록색 문이 열려 있어서 그녀는 그 안으로 들어갔다. 안에서 오래된 과수원을 발견했다. 그녀는 몇 개의 문을 더 통과했다.

p.26~27 그녀는 문을 통과할 때마다 매번 담장으로 둘러싸인 다른 정원을 발견했다. 마지막으로 채소밭에 이르렀다. 멀리 그곳이 끝나는 지점에서 담쟁이덩굴로 덮인 담장을 발견했다. 하지만 문을 찾을 수가 없었다!

'여기가 비밀의 화원일 수도 있어. 그런데 입구가 없네!'

갑자기 메리는 한 나무에서 새가 쾌활하게 지저귀는 소리를 들었다. 그녀는 눈을 들어 가슴이 붉은 작은 새 한 마리를 보았다. 새는 그녀의 관심을 끌기 위해 가지들 위에서 이리저리로 깡총거렸다. 메리의 슬픈 얼굴에 미소가 번졌다!

정원 밖으로 나온 메리는 손수레를 끌고 있는 한 노인을 보았다.

"저쪽에 있는 정원으로 들어가는 문을 찾을 수가 없네요." 메리가 말했다.

"어떤 정원이요?" 노인이 말했다.

"채소밭 뒤에 있는 거요. 거기엔 커다란 나무 한 그루가 담장 너머까지 뻗어 있어요. 가슴이 붉은 새 한 마리가 그 곳에 앉아 있는 것을 봤어요. 새는 즐겁게 지저귀고 있었어요!"

p.28~29 갑자기 그 새가 막 파놓은 땅에 내려앉았다.

"요 녀석은 내 친구, 로빈이에요." 그가 말했다.

"할아범은 누구죠?" 메리가 물었다.

"정원사 벤이에요. 아가씨가 인도에서 온 주인님의 조카딸인가요?" 벤 할아범이 말했다.

"네, 그래요." 메리가 말했다.

그 순간 로빈이 오래된 사과나무로 날아가 노래하기 시작했다.

"녀석이 아가씨를 좋아하는 모양이군요." 벤 할아범이 말했다.

"정말이요?" 그리고 나서 메리가 로빈에게 물었다. "내 친구도 되어 주겠니? 난 지금까지 친구가 하나도 없었단다."

"우리는 똑같군요, 아가씨와 나 말이에요. 아가씨도 나처럼 성질이 고약한 게 분명해요!" 벤 할아범이 말했다.

메리는 너무 놀랐다. 전에는 아무도 그녀에게 그런 식으로 말했던 적이 없었다.

'내가 정말 이 할아범처럼 성질이 못됐을까?'

p.30~31 갑자기 그 새가 담장 위로 날아 올라 비밀의 화원으로 들어갔다.

"녀석은 저곳에 있는 오래된 장미와 꽃밭에서 살고 있지요."

"그 정원의 문은 어디 있어요?" 메리가 물었다.

"그 문은 오래 전에 벽돌로 막아 놓았어요!" 벤 할아범이 화를 내며 말했다. "자, 이제 저리 가세요. 난 일해야 하니까요!"

메리는 깜짝 놀라서 즉시 집으로 돌아왔다. 그녀는 비밀의 화원에 대해 생각하기 시작했다. 그 화원이 분명히 담쟁이덩굴로 덮인 담장 뒤에 있을 거라고 생각했다. 그녀는 비밀의 화원을 찾기로 결심했다.

p.34~35 그 후 몇 주 동안, 황무지 전역에 바람이 강하고 차갑게 불었다. 하지만 실내에서는 할 일이 아무것도 없었기 때문에, 메리는 매일 밖에 나가 곳곳을 살펴보러 다녔다. 그녀는 밥을 많이 먹기 시작했고 갈수록 몸이 튼튼해지는 것을 느꼈다. 또 항상 화가 나는 감정도 느껴지지 않았다.

가끔씩 메리는 벤 할아범을 보았지만, 할아범은 늘 바빠서 그녀와 대화할 시간이 없었다. 그녀는 종종 채소밭 옆에 나 있는 오솔길을 따라 걸었다. 담쟁이덩굴은 문이 나 있어야 하는 곳에 아주 두텁게 자라 있었다. 어느 날, 그녀는 로빈이 머리 위로 날아오르자 그 뒤를 따라갔다.

'여기 어딘가에 틀림없이 문이 있을 거야! 그런데 어딜까?'

p.36~37 그날 밤, 저녁 식사를 하는 동안 메리는 마사와 그것에 대해 이야기했다.

"메들록 부인은 우리가 그것에 대해 얘기하면 안 된다고 했어요!" 마사가 말했다. "하지만 왜?" 메리가 물었다.

"주인님은 한때 매우 행복했어요. 주인님과 마님은 함께 정원을 돌보았지요. 그런데 어느 날, 마님이 커다란 나뭇가지에 앉아 있다가 떨어

졌어요. 마님은 심하게 다쳤고 그 다음날 돌아가시고 말았죠. 주인님은 그 충격에서 벗어나지 못한 채 스스로를 세상과 단절하고 살았어요. 어떤 사람들은 주인님이 미쳐 간다고 생각했죠!"

"오, 불쌍한 사람." 메리는 말했다.

그녀는 지금까지 살아 오면서 처음으로 다른 사람에 대한 동정심을 느꼈다. 그것은 매우 낯선 감정이었다.

'아마, 난 착한 사람이 되고 있나 봐.'

이런 생각에 빠져 있을 때, 메리는 이상하게 울부짖는 소리를 들었다.

"무슨 소리지? 아이가 우는 것 같은데!" 메리가 말했다.

마사는 갑자기 당황한 표정을 짓더니 재빨리, "밖에서 나는 바람 소리일 뿐이에요!"라고 말했다.

"아냐. 이 소리는 집 안에서 나고 있어!" 메리가 말했다.

"말도 안 돼요! 이제 가서 자도록 해요!"

메리는 마사의 태도에 뭔가 석연치 않은 점이 있다고 생각했다.

'마사는 거짓말을 하고 있고 사실대로 말하기 두려운 거야. 이 집에는 많은 비밀이 있어!'

p.38~39 그 후 며칠 동안 폭우가 쏟아져서 메리는 밖에 나갈 수 없었다. 어느 날 아침, 메리가 잠에서 깨자 마사가 메리에게 외쳤다.

"비가 그쳤어요. 황무지를 보세요. 아름다운 황금색 가시금작화와 자주색 히스 꽃이 피기 시작해요."

메리는 창 밖을 내다보았다. 이토록 푸른 하늘을 본 적이 없었다!

"영국은 항상 우중충하고 비만 오는 줄 알았어!" 메리가 말했다.

"오, 아녜요. 요크셔는 봄이 아름다워요. 항상 밖에 있고 싶을 걸요! 전 아주 행복해요, 메리 아가씨. 오늘 가족을 만나러 간답니다!" 마사가 말했다.

마사가 집에 가버리자 메리는 외로워졌다. 그래서 그녀는 밖으로 나가 지칠 때까지 정원을 걸어 다녔다. 그날 늦게 메리는 오래된 과수원에서 벤 할아범을 만났다. 그는 평소보다 훨씬 쾌활해 보였다.

p.40~41 "봄이 오고 있군요. 나는 새로 피어난 꽃들을 보면 항상 즐거워요." 벤 할아범이 말했다.

바로 그때 다정한 로빈이 나타났다.

"저 새가 나를 기억할까요?" 메리가 물었다.

"그럼요! 녀석은 여기서 일어나는 모든 일을 알고 있어요."

메리는 기분이 좋아졌다. 메리는 벤 할아범과 헤어져 채소밭으로 깡충깡충 뛰어갔다. 로빈이 따라왔다. 그러다가 멈추더니 벌레를 잡기 위해 흙을 이리저리 헤집었다. 그때 메리는 땅에서 무언가 반짝이는 것을 보았다. 그것은 오래된 열쇠였다! 그녀는 그것을 집어 들고, "이게 비밀의 화원 열쇠일지도 몰라!"라고 말했다.

그때 로빈이 날아올라 담장 꼭대기에 앉아 큰 소리로 지저귀기 시작했다. "로빈, 너는 여기에 있는 모든 것을 알잖니. 문이 어디 있는지 알려주겠니?" 메리가 말했다.

갑자기 세찬 바람이 불어 담장의 담쟁이덩굴 일부를 옆으로 밀어 제쳤다. 그때 메리는 오랫동안 가려져 있던 문 손잡이를 보았다!

p.42~43 "오! 이게 비밀의 화원으로 들어가는 문이 틀림없어!" 메리가 작은 목소리로 말했다.

메리의 심장은 흥분으로 빠르게 뛰기 시작했다. 열쇠를 자물쇠에 넣고 돌릴 때 두 손이 떨렸다. 메리는 천천히 문을 열고 화원 안으로 미끄러지듯 들어갔다. 그런 다음 재빨리 문을 닫았기 때문에 아무도 그녀를 보지 못했다. 마침내 그녀는 비밀의 화원 안에 서 있게 된 것이다.

"어머나!" 메리가 탄성을 질렀다.

화원은 너무나 신비해서 숨이 막힐 지경이었다. 들장미는 담장 위로 뻗어 올라 있었다. 여기 저기에 오래된 장미 덤불이 땅에 늘어져 있었다. 하지만 잎이나 장미꽃은 하나도 자라고 있지 않았다.

p.44~45 '고모가 살아 있었을 때 이 화원은 분명히 아름다웠을 거야. 많은 손질이 필요하겠는걸. 하지만 장미가 아직 살아 있다면, 다시 아름다워질 수 있을 거야!' 메리는 생각했다.

그녀는 나무들 사이에 있는 동화 같은 아치 형상들을 올려다 보았다. '여긴 정말 고요하고 평화로워. 나의 비밀의 화원이 될 거야!'

메리는 잡초들을 뽑아서 식물들이 자랄 수 있는 공간을 마련해 주었다. 몇 시간 동안 일을 한 후 저녁 식사를 하러 집 안으로 들어갔다. 메리는 자기만의 비밀 장소를 가지게 되어 아주 기뻤다!

마사는 메리의 명랑한 모습을 보고 놀랐다.

"우리 어머니가 아가씨의 장미빛 뺨을 보면 좋아하시겠네요."

"난 작은 삽이 필요해." 메리가 말했다.

"무엇에 쓰려고요?" 마사가 물었다.

메리는 마사에게 자신의 비밀에 대해 이야기

하고 싶지 않았다. 그래서 이렇게 말했다. "벤 할아범을 도와줄 수 있을 것 같아. 내게 씨가 있다면 나만의 화원을 만들 수 있을 텐데."

"음, 그거 좋은 생각이네요! 제가 디콘에게 아가씨를 위해 삽하고 씨를 구해 달라고 할게요!"

p.46~47 일주일 내내 햇빛이 쨍쨍했다. 메리는 대부분의 시간을 비밀의 화원에서 보냈다. 그녀는 그 어느 때보다도 즐거웠고 몸도 건강해졌다.

어느 날 그녀가 벤 할아범에게, "예쁜 화원을 만들려면 무엇을 심어야 하죠?"라고 물었다.

"글쎄, 장미처럼 달콤한 향기가 나는 꽃을 심는 게 좋겠죠."

"할아범은 장미를 좋아하나요?" 메리가 물었다.

"네, 어떤 귀부인께서 제게 장미를 돌보는 법을 가르쳐 주셨지요. 하지만 그 분은 십 년 전에 돌아가셨어요."

"그 장미도 죽었나요?"

"아뇨. 아직 일부는 살아 있어요! 자, 내가 하는 걸 잘 보세요."

벤 할아범은 어떻게 죽은 가지들을 잘라내고 장미를 손질하는지 메리에게 보여주었다.

"화원 일에 대해 왜 그리 알고 싶은 게 많지요, 메리 아가씨?"

메리는 솔직히 대답하기가 두려워서, "이곳에서는 할 일이 없어요. 그래서 나만의 화원을 가지고 싶어요!"라고 말했다.

p.48~49 그날 늦게 메리는 숲 속을 거닐고 있었다. 그때 갑자기 이상한 소리를 들었다. 한 소년이 나무 밑에 앉아 있는 것이 보였다. 그는 열 두 살쯤 되어 보였다. 뺨은 붉었고 커다란 두 눈은 선명한 푸른색을 띠고 있었다. 소년은 작은 피리를 불고 있었다. 그는 메리를 보자 손가락을 자신의 입술에 갖다 대었다.

"쉬! 소리내지 마." 그는 속삭였다. "내 친구들을 놀라게 해서 달아나게 할 수 있으니까!"

그는 근처에 앉아 있는 다람쥐, 토끼, 새들을 손으로 가리켰다. 그리고 일어서서 발끝으로 살금살금 메리에게 다가왔다.

"나는 디콘이야. 네가 메리라는 거 알아. 네 삽과 씨를 구해 왔어."

"씨를 보여 주렴." 메리가 말했다. 디콘은 그녀에게 씨를 보여주며, "네 화원은 어디에 있니? 내가 씨를 심는 걸 도와 줄게."라고 물었다.

메리는 디콘을 믿어도 될 지 망설여졌다. 하지만 비밀의 화원을 다시 살리려면 그의 도움이 필요하다는 것을 깨달았다.

p.50~51 "어마어마한 비밀이 있는데 지킬 수 있어?" 메리가 물었다.

"난 그런 건 항상 잘 지켜." 디콘이 말했다.

"나는 아무도 원치 않는 정원을 발견했어. 그 정원은 거의 죽은 거나 마찬가지야. 오랫동안 아무도 그 곳을 돌보지 않았으니까."

그녀는 디콘을 비밀의 화원으로 안내했다.

"와!" 그는 주위를 둘러보며 낮은 목소리로 말했다. "이상하지만 예쁜 곳인걸! 마치 꿈 속을 걷는 것 같은데!"

"내가 이 장미들을 다시 자라게 할 수 있을까?"

그는 가지의 아주 작은 싹들을 손으로 가리켰다.

"그럼. 이 새싹들을 봐. 하지만 할 일이 엄청 많겠는걸!"

"디콘, 나를 도와주겠니?"

"네가 원한다면 매일 올게."

이렇게 해서 메리는 디콘과 함께 화원에서 즐겁게 일하게 되었다. 그녀는 지금까지 이렇게 행복한 적이 없었다. 그녀는 친구, 꽃, 동물, 그리고 비밀의 화원이 생겼다. 그녀는 더 이상 외롭지 않았다!

날이 어두워지자 그녀는 아쉬워하며 말했다. "난 이제 가야 해. 명심해, 이곳은 비밀이라는 걸!"

"날 믿으라고!" 디콘이 말했다.

p.52~53 메리가 집에 오자 마사가 그녀를 기다리고 있었다.

"아가씨 고모부께서 여기 계세요. 내일 떠나시는데, 그 전에 아가씨를 보고 싶으시대요!" 마사가 말했다.

그래서 메리는 고모부를 만나러 서재로 갔다.

전에 고모부를 본 적이 없어서 만나는 것에 호기심이 생겼다. 방에 들어가자 의자에 앉아 있는 한 남자가 보였다.

"얘야, 이리 오거라!"

메리는 고모부에게 다가갔다. 그는 못생기지 않았지만, 얼굴에는 슬픔과 수심이 어려 있었다. 어깨는 굽어 있고 검은 머리카락은 희끗희끗하게 세어 있었다.

"잘 지내니? 다들 잘 해 주고?"

"네." 메리가 대답했다.

"흠, 하루 종일 뭐하고 지내니, 메리?"

"전 매일 정원에서 놀아요."

"뭐 가지고 싶은 건 없니, 메리?"

"제가 … 정원을 좀 가져도 될까요?" 그녀가 말했다.

크레이븐 씨는 매우 놀란 것처럼 보였다.

"저는 정원에 씨를 심고 싶어요. 그러면 그것이 자라는 모습을 볼 수 있잖아요!" 메리가 말을 이었다.

그는 손으로 자신의 눈을 가렸다가 조용히 말했다. "아주 오래 전, 너처럼 정원 일을 좋아했던 사람을 알고 있었지. 얼마든지 네가 원하는 만큼 정원을 가지려무나!"

그리고 그는 방을 나갔다. 그는 아주 외롭고 불행해 보였다.

3장 | 콜린 크레이븐

p.56~57 그날 밤 비가 억수같이 내렸고, 메리는 잠이 오지 않았다. 그때 갑자기 울부짖는 소리가 다시 들렸다.

'저건 바람 소리가 아니야. 누군가 울고 있어!'

그녀는 소리를 따라갔다. 복도 끝에 있는 방에 이르자 그 소리는 더욱 커졌다. 그녀는 문을 열고 안으로 들어갔다.

방에는 오래된 가구들이 가득 차 있고, 커다란 책장들이 한쪽 벽을 덮고 있었다. 불이 난로에 지펴져 있었다. 큰 침대에는 창백하고 병약해 보이는 남자 아이가 울고 있었다. 그는 방 안에 있는 메리를 보고 깜짝 놀랐다.

"넌 유령이니?" 그가 속삭이듯 물었다.

"아니, 난 메리 레녹스야. 크레이븐 씨는 내 고모부고." 메리가 말했다.

"난 콜린 크레이븐이야. 크레이븐 씨는 내 아버지야!"

"정말 흥미로운데! 그건 네가 내 사촌이라는 뜻이야. 왜 사람들이 너에 대해 이야기 해 주지 않았을까?"

"아버지는 내가 몸이 너무 아파서 다른 사람을 만날 수 없다고 하시거든."

"콜린, 왜 울고 있었니?"

"잠을 잘 수가 없어! 너무 외로워!"

"그럼, 잠들 때까지 내가 곁에 있어 줄게."

메리는 콜린의 침대 옆에 앉아 이야기를 하기 시작했다.

"아버지께서는 너를 보러 오시니?"

"가끔. 하지만 나를 보면 늘 슬퍼하셔. 어머니는 내가 아기였을 때 돌아가셨어. 아 버지는 나를 보면 어머니가 생각나기 때문에 내가 보고 싶지 않은 거야!"

p.58~59 "네 아버지는 네 어머니의 화원도 싫어해서 그곳의 문을 자물쇠로 잠가 놓으신 걸로 알고 있어!"

"그건 몰랐는데. 거기 가 본 적 있니?" 콜린이 말했다.

메리는 콜린이 자신의 비밀을 지켜 줄 수 있을지 확신할 수가 없었다. 그래 서 그녀는 말했다. "아니. 그리고 정원사들은 그 곳에 대해서는 이야기하지 않으려 해!"

"그럼, 내가 그들에게 말하게 시킬 거야. 내가 오래 산다면 이곳은 내 것이 될 거니 까!" 콜린이 말했다.

"넌 네가 곧 죽을 거라고 생각하니?" 구석에 있는 휠체어를 바라보며 메리가 물 었다.

"사람들도 다 그렇게 생각해! 나는 종종 여기에 누워서 죽음에 대해 생각하지. 다시 는 바깥 세상을 볼 수 없을지도 모른다는 생각은 나를 슬프게 만들어!"

"그 화원을 보고 싶니, 콜린?"

"응! 하인들에게 나를 데리고 나가 그 문을 열도록 할 거야!"

그녀는 매우 걱정이 되었다. 그녀는 하인들이 비밀의 화원을 발견하는 것을 원하지 않았다. 그래서 그녀는, "그것을 비밀로 해두자! 내가 화원을 발견하면 네 휠체어를 밀 수 있는 힘센 소년을 찾아 볼게!"라고 말했다.

"나는 진짜 비밀을 한 번도 가져 본 적이 없어." 콜린은 들뜬 기분으로 속삭였다.

메리와 콜린은 밤 늦게까지 이야기를 나누었다. 그들은 많은 것들에 대해 이야기했다. 그날 밤 소년은 오랜만에 그 어느 때보다도 행복했다.

p.60~61 다음 날, 메리는 마사에게 콜린을 만났다고 말했다.

"아이고 이런." 마사가 소리쳤다. "제가 쫓겨나게 생겼네요. 콜린 도련님은 사람들이 자기를 쳐다보는 것을 싫어해요! 성질이 고약해서 악을 쓰고 고함을 질러요!"

"걱정 마. 그 애는 나를 좋아해." 메리가 말했다.

"우리 어머니는 도련님이 신선한 공기를 쐬면 몸이 좋아질 거라고 하셨어요. 하지만 도련님은 하루 종일 뒹굴뒹굴하면서 책만 읽는다니까요!" 마사가 말했다.

바로 그때, 벨이 울렸고 마사가 대답하기 위해 갔다. 그녀는 매우 놀란 표정을 지으며 돌아왔다.

"콜린 도련님이 오늘 기분이 좋아요. 아가씨를 보고 싶어해요!"

그래서 메리는 콜린의 방으로 갔다. 그녀는 침대에 있는 허약한 소년을 빤히 바라보았다.

"왜 그런 눈으로 나를 보니?" 콜린이 물었다.

"너는 디콘과 많이 다르구나!"

"디콘이 누군데?" 그가 물었다.

"마사의 남동생이야. 나는 그런 애를 본 적이 없어. 그 애는 피리를 불고, 황무지에 사는 모든 동물들도 그 애를 좋아해!"

"난 황무지에 가지 못할 거야. 난 죽게 될 테니까!" 콜린이 조용히 말했다.

"죽는다는 얘기 좀 그만 해. 우리는 항상 살아가는 얘기를 해야 해!"

그녀는 콜린의 슬프고 힘없는 얼굴을 바라보았다.

'디콘을 만나게 되면 죽는다는 생각을 하지 않게 되겠지!'

`p.62~63` 일주일 내내 비가 내려 메리는 비밀의 화원에 가지 못했다. 그래서 가능한 한 콜린과 많은 시간을 보냈다. 두 사람은 많은 것들에 대해 이야기하며 웃고 떠들었다. 하지만 메리는 여전히 콜린에게 자신의 비밀을 털어놓을 수 있을지 확신할 수 없었다.

마침내 해가 다시 나오자, 메리는 서둘러 밖으로 나갔다. 그녀는 각양각색의 봄 꽃들이 사방에 피어있는 것을 보고 놀라움을 감추지 못했다!

"온 세상이 깨어나고 있어! 정말 멋진 느낌이야!" 그녀는 아침 공기를 쐬며 외쳤다.

비밀의 화원으로 살며시 들어갔을 때, 디콘이 그녀를 기다리고 있었다. 아기 여우가 그의 발치에 앉아 있었고, 커다란 검은 까마귀는 그의 어깨 위에 걸터앉아 있었다.

"오, 디콘, 정말 아름다운 날이야!" 그녀가 외쳤다.

"그래. 오늘 아침 빨리 여기에 오고 싶어 참을 수가 없었어! 저기 봐, 장미꽃이 피기 시작했어!"

"그리고 땅에서 새로 솟아나는 온갖 봄 꽃들을 보라고!"

"쉬!" 갑자기 디콘이 속삭였다. "로빈이 둥지를 짓는 게 보이니? 녀석을 놀라게 하지 마!"

`p.64~65` 메리는 디콘과 함께 일하면서 콜린에 대해 이야기했다.

"나도 그 저택에 소년이 있다는 것은 알고 있어. 하지만 아무도 그 아이에 대해 이야기를 하지 않아." 그가 말했다.

"난 그 애가 가여워. 항상 죽는다는 얘기만 해. 이 화원이 그 애의 기운을 나게 할 수 있을 것 같은데!" 메리가 말했다.

"그거 좋은 생각이다! 내가 휠체어를 밀 수 있을 거야." 디콘이 말했다.

그들은 하루 종일 즐겁게 일했다. 메리가 저택으로 돌아오자, 마사가 그녀를 기다리고 있었다.

"오늘 아가씨가 방문하지 않아서 콜린 도련님이 화가 났어요!"

메리는 서둘러 그의 방으로 갔다.

p.66~67 메리가 방에 들어가자마자 콜린이 추궁했다. "어디 갔다 온 거야?"

"디콘이 내게 어떻게 씨를 심는지 보여 주었어."

"네가 그 녀석과 시간을 다 보낸다면 그 애를 쫓아낼 거야!"

"네가 그러면 난 다시는 널 보러 오지 않겠어!" 메리가 화를 내며 말했다. 갑자기 콜린이 울기 시작했다.

"넌 내가 어른이 될 때까지 오래 살 수 있을 거 같니?" 그가 흐느꼈다.

"마사의 어머니가 그러는데 너는 신선한 공기가 필요하대. 그러면 튼튼해질 거래."

"메리, 우리 어머니의 화원을 찾았니? 그 화원을 볼 수 있다면 난 오래 살 것 같아!" 그가 속삭이듯 말했다.

"이제 푹 쉬어. 그러면 내일 내가 그 얘기를 해 줄게."

그러고 나서 메리는 콜린의 침대 옆에 앉아 부드럽게 노래를 부르기 시작했다. 곧 그는 곤히 잠들었다.

4장 │ 비밀의 화원을 방문한 콜린

p.72~73 다음 날 아침, 마사는 메리를 일찍 깨웠다. 그녀는 매우 흥분해 있었다.

"보세요, 크레이븐 씨가 아가씨에게 선물을 보내왔어요!" 그녀가 큰 소리로 말했다.

메리는 고모부가 자신을 완전히 잊었다고 생각했다. 그래서 커다란 나무 상자를 보자 놀랐다.

"와!" 상자를 열며 메리는 말했다. "이 정원 책들 좀 봐, 마사. 이 책들을 콜린에게 보여줘야겠어. 그 애의 기운을 나게 할 거야!"

하지만 그녀가 방에 들어갔을 때, 콜린은 매우 창백하고 아파 보였다.

"메리, 어제 디콘을 쫓아내겠다고 말한 거 미안해. 난 정말 그 애를 만나고 싶어." 그가 말했다.

"그 애가 내일 올 수 있는지 알아볼게. 그리고 이것 좀 봐, 너의 아버지가 내게 이 정원 책들을 보내 주셨어! 우리는 이 책들이 필요한데…" 그녀가 말했다.

p.74~75 메리는 갑자기 말을 멈췄다가 다시 입을 떼었다. "지금 네게 하고 싶은 말이 있어. 하지만 아무에게도 이야기하지 않겠다고 약속해."

"알았어! 알았어! 말해 봐! 어서 말해 봐!"

"좋아, 난 비밀의 화원으로 들어가는 문을 발견했어!" 메리가 말했다.

콜린은 말문이 막혔다! 그의 눈은 점점 커졌고 숨을 쉬려고 안간힘을 썼다.

"오, 언제 그 곳을 볼 수 있어? 그 곳을 볼 때까지 내가 살 수 있을까?" 그가 들떠서 말했다.

"바보 같은 소리 하지 마! 이제 곧 보게 될 테니까!"

다음 날 아침, 메리는 콜린의 방으로 달려갔다.

"콜린, 이제 봄이야!" 그녀는 그의 방의 모든 창문을 열어 젖히며 외쳤다.

신선한 산들바람이 창문으로 들어왔다. 방 안은 새들이 지저귀는 소리로 가득 찼다.

"이제 죽는다는 생각은 그만 해. 건강해질 생각만 하라고! 봐, 디콘이 네게 보여 주려고 동물 친구들을 데려왔어!"

p.76~77 바로 그때 디콘이 어린 양을 안고 콜린의 방으로 들어왔다. 작은 아기 여우가 디콘 옆에서 뛰고 있었다. 까마귀는 그의 어깨에 앉아 있었고, 두 마리의 다람쥐가 그의 호주머니에서 고개를 내밀고 밖을 엿보고 있었다! 콜린은 놀랐다. 그는 한 번도 그런 광경을 본 적이 없었다! 디콘은 어린 양을 콜린의 무릎에 올려 놓으며, "얘는 배가 고파! 여기 우유병이 있어. 원한다면 네가 우유를 먹여 봐!"라고 말했다.

디콘과 메리는 조용히 앉아 콜린이 양에게 우유를 먹이는 것을 지켜 보았다.

아이들은 너무 즐거워서 시간이 가는 것도 거의 잊었다. 그들은 몇 시간이고 동물들과 비밀의 화원에 대해 이야기를 나누었다.

"내가 언제 화원을 볼 수 있을까?" 콜린이 흥분해서 말했다.

"곧, 콜린, 곧!" 메리가 말했다.

p.78~79 며칠 동안 황무지에는 강한 바람이 몰
아치고 폭우가 쏟아졌다. 콜린은 비밀의 화원에
갈 계획을 세우느라 분주했다. 그래서 그는
피곤한 줄도 몰랐고 성질 부리는 것도 잊어
버렸다. 마침내 비가 그치고 태양이 얼굴을
내밀었다.

"메들록 부인, 내 휠체어를 갖다 줘요!" 콜
린이 소리쳤다. "오늘 밖에 나갈 거예요! 정원사
들이 채소밭 근처에는 얼씬도 하지 못하게 해 주세
요. 메리와 디콘이 나를 돌봐 줄 거예요."

'세상에나! 메리가 온 후로 콜린이 변했단 말이야!' 메들록 부인은 생각했다.

하인들이 콜린을 담요로 감싸서 밖으로 안고 나왔다. 휠체어에 앉자, 그는 하인들에
게 집 안으로 들어가라고 말했다. 그러자 디콘이 오솔길을 따라 그의 휠체어를 밀기
시작했다. 콜린은 뒤로 기대어 푸른 하늘을 올려다 보았다.

"이 향기는 뭐지?" 그가 말했다.

"황무지에서 피어난 가시금작화와 히스 꽃이야." 디콘이 말했다.

p.80~81 곧 메리와 디콘, 콜린은 비밀의 화원에 이르렀다. 메리가 담쟁이덩굴을 들
어올려 열쇠로 문을 열었다. 콜린은 안으로 들어갈 때까지 눈을 감았다. 눈을 뜨자 그
는 숨이 턱 막혔다.

"굉장한데!" 그가 소리쳤다.

화원은 봄의 새싹으로 되살아나 있었다. 담장에 붙어서 나무를 타고 올라간 들장미
에 새로운 잎과 꽃봉오리가 생겼다. 사과나무와 벗나무는 분홍색 꽃송이들을 드러내
기 시작했다.

밝은 녹색, 금색, 자주색, 붉은색의 향연이 사방에서 펼쳐지고 있었다. 머리 위로는
벌들이 웅웅거리는 소리를 들을 수 있었다. 그리고 짙고 달콤한 향기가 공기 중에 가
득 퍼져 있었다. 디콘은 새하얀 꽃이 핀 자두나무 아래로 휠체어를 밀고 갔다.

"이곳에 영원히 있고 싶어!" 콜린이 말했다.

"곧 너도 우리처럼 걸어 다니며 화원 일을 하게 될 거야." 디콘이 말했다.

"정말?" 콜린이 흥분하며 말했다. "하지만 난 일어서면 힘이 없어!"

"시도하는 걸 겁내지 마. 그럼 넌 원하는 건 뭐든지 할 수 있어!" 디콘이 말했다.

p.82~83 갑자기 콜린이 큰 나무가 자라 있는 담장을 가리키며 속삭이듯 물었다. "저 사람은 누구지?"

메리는 한 노인이 담장 너머로 자신을 바라보고 있는 것을 보고 깜짝 놀랐다. 벤 할아범이었다!

"아가씨가 나쁜 아이인 줄 알고 있었어요!" 벤 할아범이 그녀에게 소리질렀다. "거기는 어떻게 들어간 거죠?"

"로빈이 길을 알려 줬어요." 그녀가 대답했다.

벤 할아범이 다시 소리치자 콜린이 따지듯 물었다. "내가 누군지 아나요?"

그러자 할아범은 잔디밭의 휠체어에 앉아 있는 소년을 알아보았다.

"알죠 …. 도련님은 가엾은 어머니와 꼭 닮았는걸요. 하지만 도련님은 걷지 못한다고 하던데요." 그가 떨리는 목소리로 말했다.

"아니, 난 걸을 수 있어요!" 콜린이 화를 내며 소리쳤다. "디콘, 날 좀 도와줘! 메리, 날 도와줘!"

두 사람이 콜린의 팔을 붙잡아 주자, 그는 일어서려고 애를 썼다. 메리는 두려움으로 속이 울렁이는 것을 느꼈다. 콜린이 일어설 수 있을까? 그때 콜린의 두 다리가 잔디밭을 디디더니 그가 똑바로 섰다! 힘없는 다리가 후들거렸지만 그는 소리쳤다. "자, 날 봐요!"

p.84~85 벤 할아범은 자신의 눈을 믿을 수가 없어 울음을 터뜨렸다.

"오, 사람들이 거짓말을 했군요! 도련님은 불구자가 아니에요!"

"이제 담장에서 내려와 이리 와요. 할아범과 이야기하고 싶어요. 할아범은 우리가 이 화원을 비밀로 하는 데 협조해야 해요." 콜린이 말했다.

"네, 그럼요." 그는 눈물을 닦으면서 말했다.

벤 할아범은 비밀의 화원에서 아이들과 합류했다.

"가엾은 도련님 어머니의 화원을 고치는 일이라면 뭐든지 하겠어요." 그가 말했다.

"음, 이젠 나의 화원이에요. 하지만 누구에게도 말하면 안 돼요!"

벤 할아범이 미소를 지으며 말했다. "걱정 마세요. 도련님 어머니께서 돌아가신 후 제가 이곳에서 일해 왔다는 걸 아무도 모르니까요."

"뭐라고! 하지만 어떻게요?" 콜린이 외쳤다.

"전 문으로 들어오지 않았어요." 노인이 설명했다. "담장을 넘어 왔죠. 마님께서 돌아가신 후 아무도 이 화원에 들어올 수 없었어요. 하지만 전 이곳이 죽어버리는 걸 원하지 않았죠. 그래서 담장을 넘어와 몰래 일을 했답니다."

벤 할아범은 눈에 눈물을 글썽이며 말을 이었다. "그런데 제 늙은 다리에 힘이 빠져 더 이상은 담장을 오를 수 없게 되었어요. 이 곳에 와 본 지도 꽤 오래 되었답니다."

p.86~87 그들이 이야기를 하는 동안 날이 어두워지기 시작했다.

"디콘, 일어서는 걸 도와줘. 나는 지금껏 해가 지는 것을 본 적이 없어. 오늘 밤에는 석양을 구경하고 싶어." 콜린이 말했다.

이날 비밀의 화원은 신비로운 저녁을 맞고 있었다. 콜린은 두 다리에 아직 힘이 없었지만 일어서는 법을 배웠다. 그리고 해가 화원의 담장 너머로 사라질 때, 그는 어머니의 화원에서 자신이 건강해지리라는 것을 알았다.

그 후 몇 달에 걸쳐 비밀의 화원은 완전히 바뀌었다. 아이들은 매일같이 화원에서 무언가 새로운 것을 보았다. 마치 마법사가 매일 밤 그곳을 찾아오는 것처럼 보였다.

"거기에는 마법이 있어 — 좋은 마법 말이야, 메리. 나는 분명히 있다고 믿어." 콜린이 말했다.

"나도 그래." 메리가 말했다.

p.88~89 매일 아침 콜린은 메리와 디콘의 부축을 받아 화원을 걸었다. 때때로 그는 혼자서 몇 걸음 걷기도 했다.

"나는 점점 튼튼해지고 있어." 어느 날 아침 그가 말했다. "이제 나는 영원히 살 수 있을 것 같아! 아버지께서 돌아오시면 혼자 걸어서 놀라게 해 드려야지!"

"콜린, 잘했어! 이제 더 이상 죽는 얘기는 하지 않는구나." 메리가 말했다.

"어머니가 살아 있어서 내가 얼마나 튼튼해졌는지 보시면 좋을 텐데."

"하지만 네 어머니는 여기 심은 꽃과 나무 속에 있는 거야. 그리고 네 안에서도 자라고 있고 말이야!" 디콘이 말했다.

그러자 이상한 정적이 화원을 휩쌌다. 콜린은 자신의 주변 곳곳에서 어머니를 느낄 수 있었다. 그것은 거의 마법 같은 느낌이었다. 하지만 그는 그 마법이 멀리 떨어진 곳으로 날아갔다는 것을 알지 못했다 — 멀리 떨어진 한 아름다운 호수로. 그리고 그 호숫가에는 몹시 슬프고 외로운 한 남자가 앉아 있었다.

5장 │ 집에 오신 것을 환영합니다!

p.92~93 비밀의 화원이 되살아나는 동안, 한 남자가 유럽의 아름다운 나라들을 방황하고 있었다. 그는 인생의 모든 슬픔을 잊기 위해 십 년 동안 세계를 돌아다니고 있었다. 하지만 아무리 많은 아름다운 경관을 보아도 여전히 불행했다. 그는 바로 크레이븐 씨였다.

그런데 어느 날 한 호숫가에 앉아 있을 때, 그는 문득 살아 있는 존재가 얼마나 아름다운가 하는 생각이 들었다. 호수는 아름다웠고 태양빛은 수면에 부딪쳐 반짝거렸다. 그가 앉아 있는 동안 호수는 아주 고요해 보였다. 그는 이상하리만치 마음이 차분해지는 것을 느꼈다.

"내가 왜 이러지? 다시 살아나는 것 같아!" 그가 나지막이 말했다.

그날 이후 그는 건강해지고 마음도 평온해지기 시작했다.

p.94~95 어느 달 밝은 아름다운 밤, 크레이븐 씨는 산책을 하러 나갔다. 잠시 후 그는 쉬기 위해 자리에 앉았다. 그는 너무나 평안하고 느긋해서 깜박 잠이 들고 말았다. 잠결에 그는 아내의 부드러운 목소리가 자신을 부르는 소리를 들었다.

"아치! 아치!"

"릴리아스! 여보, 어디 있는 거요?"
그가 외쳤다.

"난 화원에 있어요! 난 화원에 있
어요!"

그 목소리는 천사의 아름다운 노랫
소리처럼 들렸다. 잠에서 깨자 그는 꿈을
곰곰이 되새겨 보았다.

"그녀는 화원에 있다고 했어. 하지만 그곳의 문은 잠겨 있고 열쇠는 땅에 묻혀 있을
텐데." 그는 혼자 중얼거렸다.

다음 날 아침, 그는 편지 한 통을 받았다.

크레이븐 님께,

저는 마사의 어머니입니다. 주인어른께서 가능한 한 빨리 집에 돌아오셨으면
합니다. 미셸스와이트 저택에 일어난 여러 변화들을 보시면 매우 놀라실 거라고 생각
합니다. 그리고 만일 마님께서 여기에 계신다면, 주인어른이 집으로 돌아오시길 바랄
것입니다.

안부를 전하며,
수잔 소어비 드림

크레이븐 씨는 편지를 다시 읽었다.

'이 편지는 그 꿈과 관련이 있는 게 분명해. 즉시 집으로 돌아가야겠어.'

p.96~97 그날 늦게 크레이븐 씨는 미셸스와이트 저택을 향해 출발했다. 집에 가는
내내, 지나가는 풍경을 바라보며 그는 자신의 아들 콜린에 대해 생각했다.

'릴리아스가 세상을 떠났을 때 난 너무 슬퍼서 그 애에 대해서 전혀 신경을 안 썼
어. 사실 그 애를 잊어 버리려고 했었지!'

눈에서 눈물이 떨어졌다. 그는 손수건을 꺼내 들어 슬픔에 젖은 얼굴에서 눈물을 닦
아냈다.

'하지만 그 애는 자기 어머니와 너무 닮았어. 난 차마 그 애를 바라볼 수가 없었지!

난 형편없는 아버지였어! 하지만 변할 수 있을 것 같아. 이제부터는 좋은 아버지가 될 수 있을 것 같아.'

갑자기 그는 릴리아스가 또다시 그를 부르는 소리를 들었다.

"난 화원에 있어요! 난 화원에 있어요!"

"열쇠를 찾아야겠어. 그래서 화원 안으로 들어가 봐야겠어!" 그가 말했다.

요크셔로 돌아오는 긴 여정 동안, 그는 아들이 있는 집으로 가고 있다는 생각으로 행복했다. 그는 마치 길고 어두운 터널을 빠져 나온 듯한 느낌이었다.

p.98~99 며칠 후, 크레이븐 씨는 집에 도착했다. 그는 즉시 긴 오솔길을 따라 채소밭으로 갔다. 그는 담장 옆에 멈춰 섰다.

"온통 담쟁이 덩굴로 덮여 있네! 여길 어떻게 들어가야 하나?"

그때 그는 무슨 소리를 들었다. 그건 아이들의 웃음소리였다!

'이상하군. 십 년 동안 이 화원에 아무도 들어가지 않았을 텐데!'

그때 갑자기 문이 벌컥 열렸다! 어린 소년이 달려 나왔고, 다른 두 아이들이 뒤따라 나왔다. 그들은 크레이븐 씨를 보고 깜짝 놀랐다.

하지만 그는 자신의 눈을 믿을 수 없었다! 키 크고 잘 생긴 이 소년이 정말 자신의 아들이었나?

"아버지, 집에 오셨군요! 저를 알아보시겠어요?" 콜린이 외쳤다.

"코, 콜린? 정말 너 맞니?" 크레이븐 씨가 말했다.

"네, 맞아요! 믿지 못하시겠죠, 그렇죠? 이 화원이 저를 건강하게 만들어주었어요! 전 이제 영원히 살 수 있을 것 같아요!"

p.100~101 크레이븐 씨 몸이 떨리기 시작했다. 그는 너무 기뻐서 울고 싶은 심정이었다. 그는 콜린을 두 팔로 꼭 껴안았다. 그리고 그는 말했다. "아들아, 내게 화원을 보여다오."

콜린은 비밀의 화원으로 아버지를 안내했다. 크레이븐 씨는 아이들이 해놓은 일을 보고 놀라움을 금치 못했다. 릴리아스의 화원은 눈부신 색채의 향연으로 변해 있었다!

"나는 지금쯤 이 곳이 전부 죽었을 거라고 생각했어."

"이곳을 발견한 사람은 메리였어요. 그리고 이곳을 다시 살리자는 것도 메리의 생각이었고요!" 콜린이 말했다.

그들은 잔디밭에 앉아 크레이븐 씨에게 자신들의 이야기를 들려 주었다. 또한 하인들은 아직도 콜린이 걸을 수 없다고 생각한다는 사실도 이야기했다.

"아버지, 전 이제 휠체어가 필요 없어요. 아버지와 같이 집까지 걸어갈래요!" 콜린이 말했다.

p.102~103 잠시 후, 벤 할아범은 부엌에서 차를 마시고 있었다.

"메들록 부인, 창 밖을 보세요. 기적을 보게 될 겁니다!" 그가 말했다.

메들록 부인은 밖을 내다 보고, 자신이 본 것에 깜짝 놀랐다.

"어머나, 이럴 수가! 믿을 수가 없어!" 그녀가 소리쳤다.

하인들이 그녀가 외치는 소리를 듣고 전부 달려 나왔다.

"주인어른하고 도련님이잖아!"

그들의 눈은 메들록 부인의 시선을 뒤쫓았다. 미셀스와이트의 주인이 잔디밭을 가로질러 집으로 오고 있었다. 그는 행복해 보였고, 부인이 세상을 떠난 후 처음으로 미소를 짓고 있었다.

그의 아들도 옆에 있었다. 하지만 콜린은 휠체어를 타고 있는 게 아니라, 걸어오고 있었다! 이제 그는 슬프지도 창백하지도 않았다. 그는 웃으면서 이야기를 나누고 있었다. 그들 모두 그가 요크셔의 여느 소년처럼 튼튼하다는 것을 알 수 있었다!

가을이 되자 꽃은 시들고 잎은 초록에서 빨강, 노랑, 주황으로 변했다. 하지만 아이들은 내년에 또다시 화원이 아름답게 되리라는 것을 알고 있었다. 그리고 아마 그들도 그렇게 될 것이다!